共感し合える学級をつくり、
どの子も輝く授業をつくる!

子どもの感性が磨かれる社会科の学び

北海道教育大学附属札幌小学校主幹教諭
河原秀樹

東洋館出版社

【目次】

第2章　子どもの感性が磨かれる社会科授業をつくる

序章

子どもが感性をはたらかせるということ

私たち教師が担う役割

左に掲げたのは、小学校教師としての経験から生まれた私の実感です。

授業を通じて子どもの心が解放され、感性が磨かれると、子どもは教材や学級の仲間と豊かにかかわり合うことをよりいっそう求めるようになり、心から学びをたのしむようになる。

新型コロナウイルス感染症が拡大した２０２０年、オンライン授業など非対面の授業を経験したことをきっかけとして、再認識したことがあります。それは、子どもたちが毎日学校に集う、学級のみんなで共に学び合う光景は、けっして当たり前なんかではなかったんだということです。

子どもたちの心が揺れ動く瞬間、輝きは、同じ学級に集い共に学ぶなかで生まれます。同じ教室、同じ空気のなかで、ライブ感のある授業を通じて生まれる子どもたちの笑顔や涙は、なにものにも代えがたい。

このように考える私は、どの子ももっている感性を磨くこと、そうした感性をはたらかせる瞬間を大切にすることこそ、学校教育が担うべき大切な役割なのではないかと考えています。

心理学などの学問分野においては非認知能力として定義されることも多い「感性」ですが、私はシンプルに「喜び、悲しみ、不安、美しいと感じる心」全般だととらえています。

では、学校教育において子どもたちがはたらかせる「感性」にはどのようなものが挙げられるでしょう。私は、「学級という集団づくりにおける感性」と「授業を通してはたらかせる感性」の二つの側面があると考えています。

私は社会科を専門教科としているので、社会科の授業場面を想定してみます。

たとえば、食料生産の学習では、農家の人の努力を知ることを通して、子どもは憧れをもつとか、感謝するといった心情をもちます。これも「感性」がはたらいている姿だといえそうです。あるいは、水田に足を踏み入れたときの、生温かくドロドロとした土の感触に、つい声を上げてしまうのも「感性」でしょう。さらに、学級の仲間と意見を交流して共感するといった心の動きもそうに違いありません。

このように考えると、「学習を通じて心が揺れ動くとき、学校教育において大切にしている感性がはたらく」と置き換えることができそうです。すなわち、こうした瞬間を積み重ねていければ、子どもたちの感性は磨かれていくのだろうと思います。
現在、話題が尽きない生成ＡＩ（人工知能）ですが、子どもの感性に着眼する限り、なにかしら代替できることがあったとしても、ほんの一部にとどまるでしょう。なぜならば、感性をはたらかせることは人間ならではの営みだからです。

だからこそ、子どもたちと直接向き合う私たち教師は、固定的な様式を子どもに押しつける授業をしてはいけないし、教師目線の一方的な価値観のみを頼りに、35人の子どもたちを一律に推し量ってはいけないのだと思います。

学校教育を通して子どもの感性が磨かれるには、学級のなかで子ども一人一人の心が解放されている必要があります。一人一人が大切にされている、その価値をみんなが感じられる毎日を過ごすその先で、少しずつみんなで学び合える集団になっていけるのです。

集団づくりと授業づくりは、同時並行的です。どちらかが完了してからもう一方に取りかかるものではありません。心が通い合えるあったかい集団は、授業を通じて一人一人の個性的な感性が大切にされることで形成されます。つまり、集団づくりは、一人一人の個性的な感性ありきだということです。けっして、教師一人が思い浮かべる理想的な集団像をつくりあげることではありません。

この考え方は、子どもの主体性の育成とも密接に関連し合っています。「右向け右」の指導ばかりしていても、その子らしさは発揮されません。主体的になりようがないからです。やはり、子どもの主体性を育成するにも、一人一人の個性的な感性を大切にし、学ぶことへの意欲を引き出す以外にないのでしょう。

とはいえ、教師の意図どおりに子どもを上手に動かすことが、優れた指導力だとみなされていた時代もあります。しかしそんな時代は、とうの昔に終わりを告げました。もはや、教師が決めたこと（指導案など）を決めたとおりに進めるだけの授業（教師の意図から外れた子どもの言動を軌道修正するような授業）、教師の顔色をうかがいながら、教師の求めている答えを探させるような授業は通用しません。なぜなら、本質的ではないからです。

本当のことを言うと、いい授業というのは、いまも昔も変わっていないはずなのです。それは、一人一人を大切に見取り、手立てを講じていくことにほかなりません。そのためには、教師も一人の人間として子どもとかかわり、共に学ぶ仲間の一員として子どもと一緒に学び合える存在である必要があります。

教師が子どもに与えられるかもしれないこと

かつて私が小学校に入学したとき、最初に受けもってくれたのは、ベテランの女性の先生でした。1年生から2年生はもちあがりだったのですが、持病があった先生は体調が優れず、2年生の2学期から学校をお休みすることが多くなりました。そんななか、私の家庭が引っ越しすることになり、先生とはお別れしました。

けれど転校してからも、交流はつづきます。年賀状をやりとりしたり、先生の家に遊びに行ったりしていたのですが、何年かが過ぎたある日、先生はまた入院することになります。

病室にお見舞いに行くと、先生はいろいろなことを話してくれました。

「富士山の高さは何メートルか知っている?」

「富士山は3776メートルもあるんだよ」

「先生が退院したら、一緒に富士山に登りたいね」

そんな他愛のない話をして、私は病室をあとにしました。

家路につく最中、先生が最後に口にした次の言葉が脳裏に焼きついていました。

秀樹くんは、小学校の先生に向いているかもしれないね。

数日後、家に一本の電話がかかってきました。先生が亡くなられたという知らせです。両親からその知らせを聞かされたとき、〝おとなになったら、小学校の先生になろう〟とぼんやり考えていました。〝そうなったら、富士山に登るんだ〟と。

中学生のころや高校生のころ、思春期に違《たが》わず自分が就いてみたい職業は次々と変わっていきます。しかし、最後にはいつもこう思い直すのです。

〝でもやっぱり、小学校の先生かなぁ〟

大学を卒業するとすぐに小学校教師という職業に就くことができた私は、翌年の夏、一人で富士山に登りました。山頂に着いてご来光を目にしたとき、心のなかは晴れやかで、こんなことを考えていました。

〝もしあの日、先生の言葉がなかったら、ここに立ってはいなかったんだろうな〟

先生のたった一言が、10歳にも満たない少年の進むべき道を照らすきっかけとなったのです。

ずいぶん月日が流れましたが、改めて思い返してみると、病室で先生の言葉を聞いたとき、私の心は強く揺れ動いたのだと思います。その感覚が頭から消えてなくなることはなく、ふとしたきっかけで何度も何度も脳裏に浮かんだのだと思います。そのたびに感性をはたらかせ、喜んだり、悲しんだり、迷ったりしたのでしょう。そのおかげで私は、自分の意思で自分の生き方を決めることができたのです。このような経験をもっているのは、きっと私だけではないと思います。

現在は私も教師の一人として、子ども一人一人のよさや可能性、子どもたちの未来をよりよいものにする言葉かけ、語りの重要性を再認識しています。

私が6年生のクラスを受けもっていたときのことです。前述した富士山に登ったときのことを、子どもたちに語ったことがあります。もう10年以上も前のことです。

富士山の登頂までの道のりはとても長いです。

途中、山小屋でカップラーメンを食べますが、６００円もします。高いと思うかもしれませんが、山には水道がないのです。

水を運んでお湯を沸かしてくれる人に感謝しながら食べるカップラーメンは格別の味でした。

登頂が近くなると、もう雲の上です。満天の星空がきらきらと輝いています。

山頂に着くと、いよいよ朝日が昇ってきます。雲の下から上がってくるご来光は言葉にできないほどで感動しました。

資料

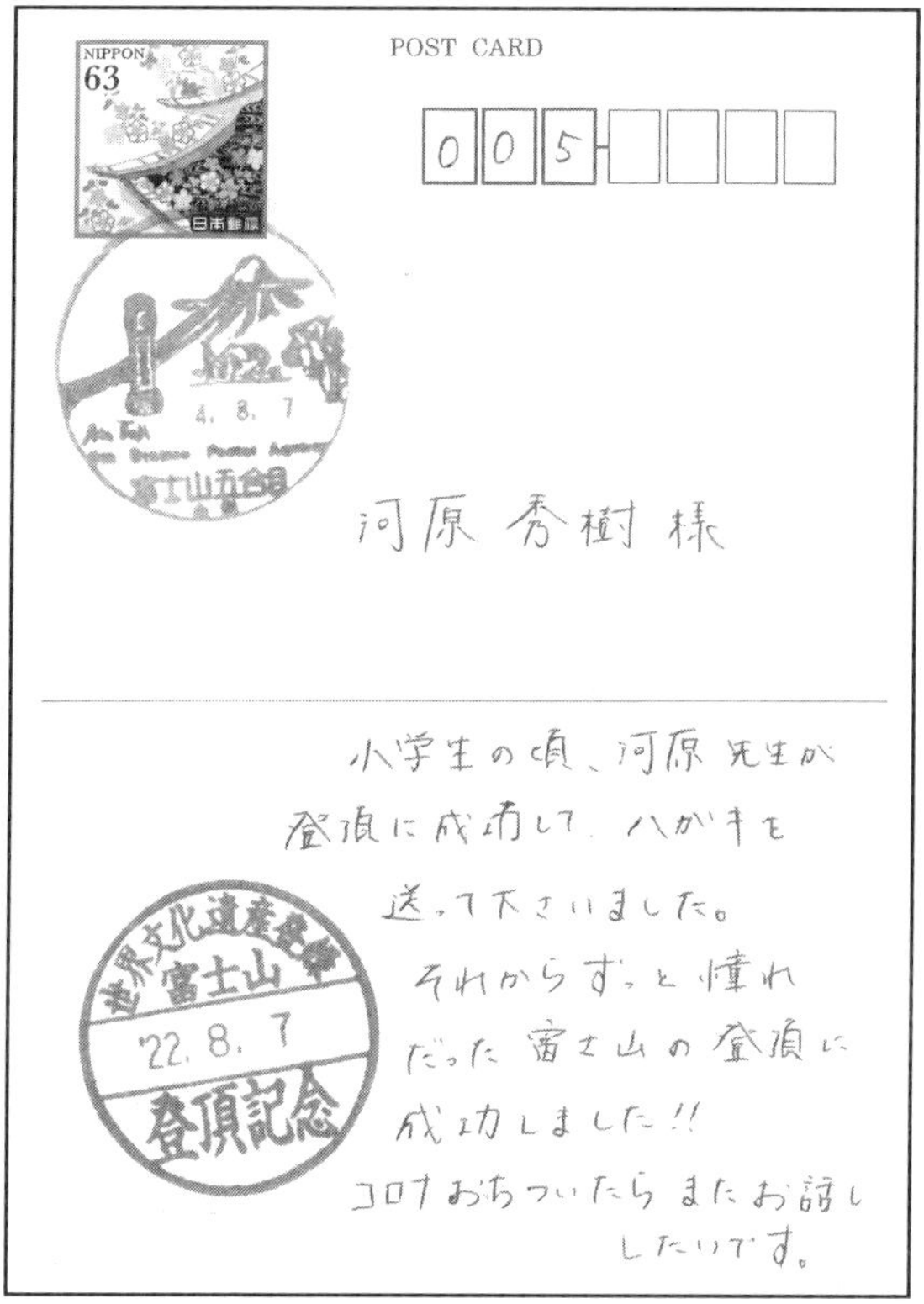

NIPPON 63
日本郵便
POST CARD
005
4. 8. 7
富士山五合目
河原秀樹様
小学生の頃、河原先生が登頂に成功して、ハガキを送って下さいました。
それからずっと憧れだった富士山の登頂に成功しました!!
コロナおちついたらまたお話ししたいです。
世界文化遺産登録
富士山
'22. 8. 7
登頂記念

＊子どもの氏名・住所、私の住所は消してあります。

2022年の夏休み、私のもとへ一通のはがきが届きました（**資料**）。それは、私が富士山に登ったときのことを話した当時の子どもからでした。消印を見ると富士山の郵便局から送られたもので、富士山の登頂記念のスタンプが押してありました。

このはがきを受け取ったとき、一瞬にして当時の記憶が蘇りました。ほんの数分話しただけの語りや私が送ったハガキが、多少なりとも教え子の未来によいきっかけを与えられたのだと思うと、あたたかい気持ちに心が満たされました。

社会科に目覚める

私が新卒で赴任した小学校は、1学年5クラスもある大規模校でした。教員1年目、はじめて行った研究授業は4年生国語で、教材は「一つの花」でした。私は小学校教諭の免許のほかに、中学校と高校の国語と社会の免許を取得していたので、〝研究教科はとりあえず国語でいいかな〟となんとなく思って選んだのでした。校内の国語部の先生方はみな親身になって私の授業づくりのために時間を割いてくれました。いろいろなアドバイスをもらえたこともあって私は奮起し、自分なりに準備して本番に臨んだのですが、現実は甘くありません。まったく思うようにいかず、惨憺たるものでした。

研究協議を終えて自席に戻り、指導案を見返しながら〝もっと力をつけていかないとなぁ〟と考えていたところ、とても大きな影が私を覆いました。見上げるとそこには、佐野浩志先生が立っていました。

佐野先生はニコニコしながら「これを読んでみて」と言いながら、手にしていたA4判の用紙を手渡してくれました。そこには、私の行った研究授業の記録が2枚にわたってぎっしり書かれていたのです（佐野先生は現在、札幌市立山鼻小学校長を務めています）。

どんなことが書かれているのだろうと気になった私は、早速目を通してみると、授業観察記録はもとより、「一つの花」の教材をどう研究すればよいか、どうすれば学級を鍛えていけるかまで書き込まれていました。しかも、一般論ではなく、私の力量や担任する学級の子どもたちの様子を踏まえたうえでの視点です。

たった45分の授業を見ただけで、これほどまでに把握することができるものなのかと驚かされました。とくに印象的だったのは、授業を通して学級集団を育てていくには「子どもたちが反応することを重視したほうがいい」ということでした。

この日を境として、いろいろな先生方の授業づくりや学級づくりを見てみたいと思うようになりました。そんな私の様子を察してか、「授業を見に来ていいよ」と声をかけてくれる先生方が何人もいました。その多くが社会科を研究する先生方でした。

やがて教員2年目の春を迎えた私のもとに、佐野先生がつかつかと歩み寄ってきて言いました。

「河原先生、今年は社会科を研究してみないかい？」

「はい、やってみたいです」

即答でした。

このようにして、私は社会科研究の世界に飛び込んだのです。

学び合える集団づくり

私には憧れの授業や学級があります。いずれも新任時代に目にしたものです。授業の最中、教師が資料を見せます。すると、どの子も目をきらきらさせながらうれしそうに発言します。しかも教師と子どもの一問一答ではありません。次々と子ども同士が発言をバトンタッチしながら、お互いの考えを補い合っています。まるでドラマのワンシーンのようです。一人一人が当事者意識をもって学習に取り組み、みんなで学びをつくり上げていく授業です。

「どうしたら、こんな授業ができるんですか？」と一緒に参観していた佐野先生に尋ねてみました。

「いい子どもたちだから、こういう授業になっているわけではないんだ」と佐野先生は言いました。「授業を通して、担任の先生がこういう子どもたちに育ててきたからだよ」

言葉の意味はわかりましたが、どうすればそうなるのかはさっぱりイメージできませんでした。けれど、次第に〝自分だってもしかしたら…〟と考えるようになりました。

「いい授業がしたい」

「たのしい授業がしたい」

「素敵な学級をつくりたい」

そんな思いがふつふつと湧いてきて、先輩たちの背中を追いかけるようになったのです。

*

どの教科等でもかまいません。感性が磨かれた学び合える集団は、どんな学習に対しても前向きに取り組むようになります。自分の失敗さえおもしろがるようになります。殊に社会科であれば、教材とつながることのおもしろさに気づいたり、仲間と学びがつながるたのしさを味わい尽くそうとしたりします。その過程で自分の考え（理解の質）を深めていきます。そうなるためには、当たり前のことをしっかり行いつづけていくことが必要です。

子ども一人一人をしっかりと見取る。

感性をはたらかせている姿を目にしたら、すかさず褒めて価値づける。

ダメなときはしっかり叱る。

だけど、笑顔であったかい。

そんな当たり前の指導性が欠かせないのです。まさに、子どもの主体性と教師の指導性は車の両輪のようなものなのだと思います。

＊

第1章では、授業において子どもの感性がはたらく集団づくりについて述べ、つづく第2章では、そうした集団のなかで社会科授業をどうつくっていったらよいかについて述べていきます。

第1章

子どもの感性がはたらく学級をつくる

学級開き――期待と不安の入り交じった出会い

4月は本当に特別な月だと思います。

新学期の初日、〝Aちゃんと同じ学級だといいな〟〝新しい友達、できるかな〟と期待を膨らませて、子どもたちは学校に登校してきます。前の年につらい思いをした子であれば〝今度は大丈夫かな〟〝うまくやっていけるかな〟と不安を抱えながら…。

具体的にどんな期待や不安をもっているかは、子どもによってさまざまでしょう。けれど、どの子も〝毎日がたのしいといいな〟という思いを胸に秘めています。そしてそれは、私たち教師も変わりません。

〝去年はうまくいかなかったけど、今年は大丈夫かな〟〝はじめて受けもつ学年だ…うまくやっていけるかな〟と不安を抱いたり、〝どんな子どもたちがいるのだろう〟〝今年はどんな学級にしていこうか〟などと気分が高揚したりします。（子どもたちと同じように、教師も）〝たのしくやっていけるといいな〟という思いを胸に秘めています。

こんな期待と不安の入り交じった教室で、私が一番大事にしているのは、〝おもしろそうな先生だな〟〝なんだか、たのしみになってきたぞ〟という思いを抱いて出会いの日を終えることです。

そんなふうに考える私は、学級開きの日に必ず行うことがあります。

一つ目は、「鏡文字」。

私は両利きです。野球のボールのような小さなボールを投げるときは右利き、ドッジボールやバスケットボールなどの大きなボールを投げるときは左利きという調子です。文字は、右手でも左手でも書くことができます。

資料1　鏡文字の自己紹介

こんな特技を生かさない手はありません。私はチョークを両手にもち、左右対称に鏡文字になるようにして黒板に自分の名前を書き、自己紹介します（**資料1**）。すると、子どもたちから「おぉぉぉお、すごっ」という声があがります。

これで、つかみはOK。

休み時間になると、「先生、あたしも鏡文字書けたよ」なんていう子どもも登場します。

二つ目は、「アブラムシダンス」。

私がこれまでに受けもった子どもたちなら、「おっ、かわはらアブラムシが出てきたぞ！」と言って歓声と拍手が起

きるでしょう。

「アブラムシダンス」は、キャンプファイヤーなどの催しを盛り上げるレクリエーションの一つ。大学時代にボランティアをしていたときにやっていた20秒あまりのエキセントリックなダンスです。「アーブラームシ、ピッ♪　アーブラームシ、ピッ♪　そのまた子どももアーブラムシ、ピッピピーッ♪」と口ずさみながら、真剣な面持ちで踊ります。けっして笑顔を交えたり、ふざけた調子にはしません。

どうしたわけだか、子どもたちって、こうした不思議な踊りが大好きなんです。

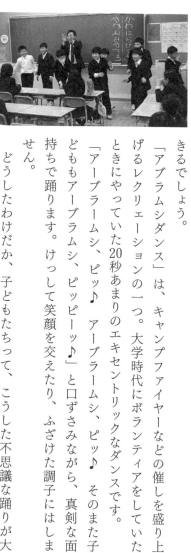

すると、学級に一人くらい「自分も踊ってみたい」と言い出す子が現れます。学級のムードメーカー候補となり得る人材です。即座に「一緒に踊ろう」と声をかけて、再び「アブラムシダンス」を踊ります。教室は大爆笑の渦に包まれます。

ひとしきり踊り終えると、一緒に踊ってくれた子に「恥ずかしさの壁を打ち破って自分を表現できるってすごいことだよなぁ」と声

資料2　アブラムシダンス

をかけて、その子の行為を価値づけます。

　しかし、これで終わりではありません。追い打ちをかけるようにして、今度は「みんなで踊ろう」ともちかけます。すると、（男子が主だって）ワラワラと黒板の前に集まってきて「アブラムシダンス」再々演です（**資料2**）。

　高学年であれば、人目を気にする気持ちが強くなります。（程度の差はあれ）みんなの前で恥ずかしい思いをしたくないと思っています。だからこそ、教師である私が率先しておかしな姿を披露するのです。

〝この学級は、ヘンな踊りをしたって受け入れられる場所なんだよ〟

という私からの無言のメッセージです。

　すると、なんとなく教室のなかに打ち解けた空気が生まれます。一時的なものでしょうけど、こうした空気が学級開きの日にあるとないとでは大違いなのです。子どもの心を解放させるきっかけになるからです。「アブラムシダンス」はいわば、子どもの感性を磨きながら多様な個を育て、豊かな集団づくりに結びつけていくための布石なのです。

資料3　かわはらアブラムシ

とまぁ、こんなことを何年もつづけているのですが、ある年に受けもったAさんが休み時間に近づいてきて、私にイラストを差し出しました（**資料3**）。「かわはらアブラムシです。消しゴムハンコもあります」と言って、それも手渡してくれました。学級のマスコット誕生の瞬間です。

私はすっかり気に入ってしまって、学級のいろいろな場面でその子のイラストを登場させていました。

すると今度は、アブラムシダンスのメロディーを譜面に起こした子どもが現れました（**資料4**）。その子は「先生、これでいつでも演奏できるね」と言って笑っていました。

これには、私も驚きです。

私としては、学級づくりの足がかりの一つ

資料4　かわはらアブラムシダンスの譜面

としてはじめたダンスだったのですが、子どもたちは自ら創造力を発揮し、こうして別の形でアウトプットしてきたのですから。

ここでは、わかりやすい象徴的な2人の子どもを取り上げましたが、子どもたちの感性のはたらきはアウトプットだけではありません。

クラスメイトの行為を「おもしろい」「たのしい」と思えること、あたたかく受け止められることもまた、感性をはたらかせている姿です。そうした送り手と受け手双方の感性が互いに感応し合えるから、豊かな集団となっていくのです。しかも、教師の思いもよらないところでそうなっていくのですから、本当におもしろいものです。

感性は、心の営みです。教師である私としては、子どもがどのようにして感性を磨いているのかはわかりません。でも、そのきっかけをつくることはできると思います。いつ・どこで・どのように芽吹くかわからない種まきをたくさんするのです。

そのためには、教師である自分自身の感性を磨くことが本当に大切だと思います。そうでなければ、せっかく子どもが感性をはたらかせてくれたとしても、気づけなかったり受け止められなかったりするかもしれません。それではあまりにもったいない。

教師である自分の個性をまず知ってもらう

教育実習生のときのことです。私は朝の会で毎日のように手品を披露していました。子どもたちは「マジック先生だ」と言って、よろこんでくれました。同じ学年を組んでいた先生はギターを演奏するのが得意。子どもたちと一緒によく歌を歌っていました。ほかの先生方も、自分の特技をそれぞれ生かして学級を盛り上げていました。

こうした自分の得意なことを見せると、子どもたちは〝そういう先生なんだな〟と好意的に受け止め、その先生らしさを見いだしてくれます。といっても、見た目にもわかりやすい秀でた特技である必要はありません。

子どもの話に興味をもって真剣に聞くことのできる耳であってもいいし、いい笑顔でもいいし、休み時間のたびに子どもと一緒に遊ぶのでもいい。どんな些細なことでもかまわないのです。大切なことは、教師である自分に興味をもってもらうこと、知ってもらうことです。

そうできれば、他の学級にいる友達と遊んでいるとき、あるいは家庭と夕飯を食べる団らんのとき、子どもは「今度の先生はね」と切り出して、うれしそうに話をしてくれるでしょう。

私たち教師は職業柄、「子どもたちをつぶさに観察して、よい行いが見られたら褒めて価値づけなきゃ」と考えます。それはそのとおりなのですが、せっかく価値づけても、子どもからスルーされてしまうこともあります。

そこにどんな理由があるのかは、一概には言えません。ただ、一つはっきりしていることもあります。それは、**教師としての自分の存在をポジティブに受け入れてもらえていなければ、どんな言葉も子どもの心に響かない**ということです。

大人でもそうですよね。Aさんから指摘されたことなら素直に聞けるのに、同じことをBさんから言われるとついイラっとしてしまう。こうしたことは日常茶飯事だと思います。

人は、どんなこと（Contents）を言われたかよりも、それをだれ（Who）に言われたかのほうに心を寄せます。つまり、自分がかかわる相手との関係性いかんで、同じ言葉でも受け取り方が変わってしまうのです。

子どものことを知り、価値づけること自体は大切なことです。けれど、一方通行であれば子どもたちとの豊かな関係性は生まれません。

だからこそまず、教師である自分の個性を知ってもらう、その存在を認めてもらう、できれば価値づけてもらうことが本当に大切だと思います。そうしているうちに、子どもたち一人一人の個性がそれぞれに輝く学級の姿がうっすら見えてくるのだろうと思います。

「みんなで決めた」という喜びと責任感を分かち合える学級の目標づくり

学級開きの2日目は学級の目標づくりです。

学級目標は、1年間にわたって共に過ごす学級生活において困難な場面に遭遇したときに、いつでも立ち戻れる場所です。そうするためにも、（どんな形でもかまわないので）みんなの意見が尊重され、みんなで決めた学級目標づくりにこだわります。

私はまずこんな話をします。

ここにいる35人みんなの思いが集まって、学級目標が決まります。

一人一人の思いが詰まったものが、学級目標になります。

だから、一人一人どんな学級にしたいのか、全員の声を聞かせてください。

そのうえで、「このクラスをどんなクラスにしたい？」と問い、一人一人の意見を板書していきます。

とはいえ、子どもの考えがいくら多様だからといって、意見を求めさえすれば多様な考えが出されるわけではありません。

発言することに積極的な子どもは、こちらから促さなくても自分から何度でも発言しようとするでしょう。それとは対照的に、あまり目立ちたくないと思っている子は、いつまで経っても自分の考えを発表しようとはしません。

そんな子に対しては、「友達の発言を聞いて〝いいな〟と思ったところにネームカードを貼ってみよう」「だれの意見に似ていると思う？」などと声をかけます。その返答が「Aさんと同じです」だっていいし、うなずいてくれるだけでも立派な意思表示です。だってまだ2日目です。

新しい環境に慣れるのに（ほかの子よりも）時間がかかる子だっています。それなのにもし、〝この子は自分の考えを言うのが苦手な子なんだな〟などと思ってしまえば、その子は1年間、そういう子どもとして振る舞ってしまうかもしれません。なぜなら**教師の先入観は、その教師自身のふるまいに現れてしまう**からです。そしてそんな様子を子どもはよく見ています。

加えて、前年度の引き継ぎ資料に書かれている子どもの様子についても、話半分に受け止めたほうが賢明です。なぜなら、子どもは刻一刻と成長する（変わりゆく）存在だからです。極端な言い方を許してもらえば、今日のAくんは昨日のAくんとは別人かもしれないのです。つねに第一印象にとらわれず刮目して見たほうがよいのが子どもだと思います。

そんなふうに考える私が、学級開き2日目に求めていることは、「どんな子どもの、どんな反応であっても、先生やみんなが受け入れてくれる」という雰囲気を感じ取ってもらうことです。1年かけてどの子も自分の考えを言いたくて仕方なくなる学級を築いていくのです。

そのような考えのもとに板書した子どもの意見が、**資料5**の板書です。ある年の6年生の学級です。

およそ次の三つに分類されていきました。

資料5　学級目標決めの板書

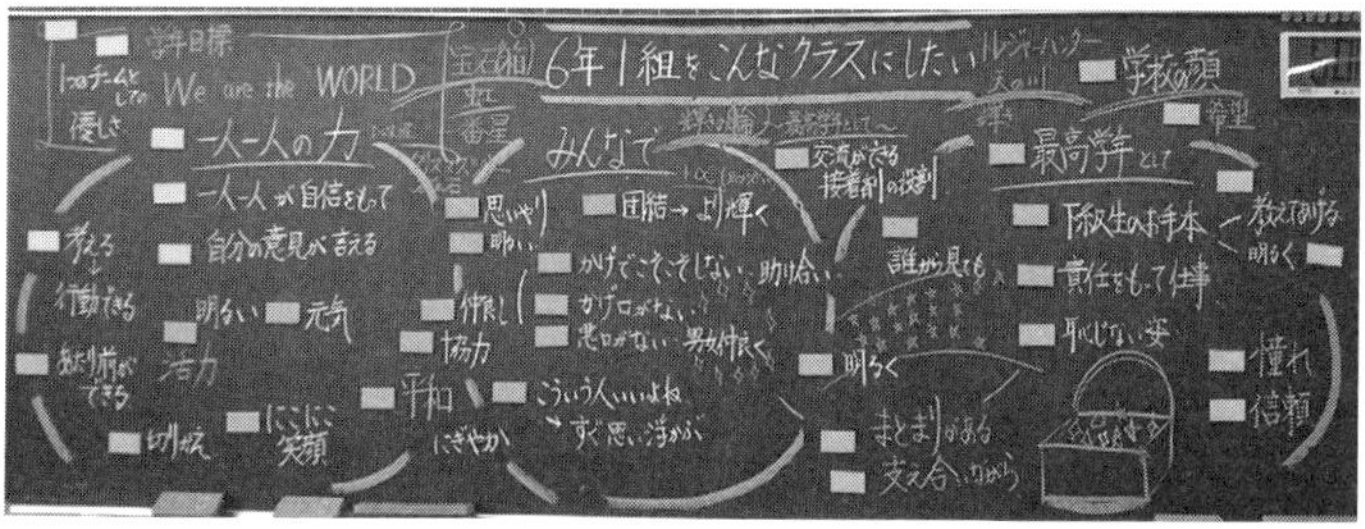

●個が輝くクラス「一人一人の力」
●集団の力が輝くクラス「みんなで」
●学校のリーダーとして輝くクラス「最高学年として」

ここで私は、次のように問います。

「ここに書かれている意見のなかで、『これは達成できそうにないな』と思うものはありますか？」

これは、子どもの思考をスイッチする問いであり、子どもたちを一様にハッとさせます。

板書には、（年によって言い方は若干異なりますが）総じて「悪口を言わない」とか「けんかをしない」「だれとでも仲よくする」といった言葉が含まれています。

掲げる理想としては立派なものです。けれど、実行できそうにない願望はただの絵空事です。それればかりか、ときに不要な軋轢を生みます。（前述した）「いつでも立ち戻れる場所」に戻れないからです。

それが「達成できそうにないものはどれか」という問いによって、なんのためにに学級目標をつくるのか（自分たちが実行できてはじめて意味のある目標になること）に子どもたちは気づけます。だから、みんなで確認するのです。

ひととおり精査し終えたら、「では、ここにあるみんなの意見はすべて、6年1組として達成したいことでよいですか？」と問いかけ、子どもたちに判断を委ねます。

次に「ここに書かれてある言葉を見渡して、みんなの合言葉になるような短い言葉にできるかな？」と問います。

このときは、次の言葉が生まれました。

「宝石箱」

「輝きの輪〜最高学年として」

「虹」

「トレジャーハンター」

「天の川」

ここまできて、ようやく学級目標を決める下ごしらえが完了です。

ここからが本番、合意形成を図る話し合いです。

私から次のように提案します。

「みんなで話し合って折り合いをつけていこう。大事なことは、みんなが納得できるようにすることだよ」

選挙制度に代表されるように、多数決は民主主義における公正な方法（手段）です。しかし、「多数決ありき」では少数派の納得を得ることはできません。学級における多数決は、どうしても折り合いがつけられないときのやむを得ない最終手段なのです。子どもたちには、（回りくどいように思えても）悩んだり、考え込んだり、相手の気持ちを慮ったりしながら、みんなが納得できる合意形成をしてほしいと思うのです。

話し合いがすすむうちに、「『輝きの輪〜最高学年として』がよいのではないか」という意見が大半を占めます。それに対して、「宝石箱」「虹」「天の川」を挙げる子どもがそれぞれ数名ずついます。その状況を見取って、少数派の子どもたちに問いかけます。

「『宝石箱』『虹』『天の川』を希望する人たちに質問です。なぜ『それがいい』と思ったのですか？　理由を教えてください」

「みんなの輝きが集まって、最高学年として誇れる学級にするのには賛成だけれど、それが集まると宝石箱みたいになるから、『宝石箱』がいいと思いました」

「みんなの輝きが、3月の終わりにつながって、虹のように全体として輝いて見えることをめざしたいから、私は『虹』がぴったりだと思います」

こうした理由を聞くと、「『宝石箱』のほうがいいかも」とか「いやいや、やっぱり『輝きの輪〜最高学年として』がいいよ」などと、多数を占める子どもたちの心も揺れます。

今度は、次のように問いかけます。

「それぞれいろいろな思いが込められていてすてきですね。では、『輝きの輪〜最高学年として』がいいと思っている人たちに質問です。『宝石箱』や『虹』を希望している人たちにも納得してもらえる学級目標にするにはどうしたらよいと思いますか？」

このように問うと、着地点（折衷案）を見つけようとする子どもが現れます。

「『輝きの輪〜最高学年として』という言葉のなかに、『宝石箱』や『虹』の考えもつけ足しができると思います。たとえば、『みんなの輝きを宝石箱のなかに集めて、そこから輝きが虹のように飛び出していく』というのはどうですか？」

その瞬間、多数派・少数派など関係なしに次のように言い出しました。

「先生、教室の後ろの掲示板にみんなの輝きを書いて、虹のように貼っていったらおもしろいんじゃないかな」

「卒業式の日までに、みんなの輝きで教室中がいっぱいになったら、すごいよね！」

年によって出される意見も、折り合いがつけられる場面も異なりますが、おおむねこ

資料6　虹の掲示物

資料7　学級みんなの似顔絵

んな感じで学級目標ができあがります。その根底には、子どもたちの感性のはたらきがあります。そして、それが生まれるためには、次の条件が満たされる必要があると考えています。

- （意見表明の仕方や程度にはバラツキがあるものの）どの子も自分の言いたいことを言えていること。
- 自分の意見に対する反対意見はあっても、排除するような意見にはなっていないこと。
- 少数派の意見が尊重されていること。

みんなで書いた仲間の輝きは、卒業式の日まで教室後ろの掲示板に貼りつづけられ、卒業間近には虹の形となりました（**資料6**）。また**資料7**は、ある子どもが卒業間近に描いてくれた学級みんなの似顔絵です。4月にみんなで話し合った学級目標を1年かけて達成してきた歩みが見て取れるような気がしました。

学級目標づくりは、学級活動（特別活動）のひとコマですが、この場で行った話し合いは、それだけにとどまりません。どの教科等においても「協働的な学び」を実現するための足がかりとなるからです。

自分の思いついたことを率直に発言する、自分の考えとは異なるクラスメイトの意見に耳を傾ける、合意形成が必要な場面では折り合いをつける、そうするなかで自分一人では思いつかなかった発想を手に入れる。

これが、私の考える「協働的な学び」に欠かせないプロセスなのです。

＊

裏方教師の見えざる「ワザ」

1年間を通じた集団づくりの裏側には、教師の「ワザ」があります。

あるときの学級目標は、「集まれ38個の星〜流星群めざして」でした。よりよい集団のもつポテンシャルが、教室の天井に広がる星々（一人一人の子どもたち）を輝かせるというコンセプトです（**資料8**）。

扱う題材は異なりますが、コンセプトとしては（前項でとりあげた）「虹の宝箱」との共通点を見いだせると思います。

しかし、私から「そうするように」と直接的なはたらきかけをしたわけではありません。

私が行っているのは、次の5つです。

資料８　流星群めざして

【集団帰属意識】（発言できるかどうかを問わず）子ども全員に発言を促しつづけ、一人一人が「自分はこの学級の一員である」という意識をもってもらう。

【自己決定による責任感】自分自身のことであれ、学級にかかわることであれ、「みんながそうするから」ではなく（周囲に流されるのではなく）、「自分がいいと思うから」「みんなにとってもいいと思うから」という自らの意思で選択・判断できるようにかかわる。

【個・集団・学年の力という意図的な類分け】板書を活用して子どもたちの思考を整理する。

【協働的な態度】子どもが折り合いをつけて他者とかかわる姿を価値づけながら、想像的な思考や創造的な思考を促す。

［自己有用感や自己効力感］ 自分の考えや行動は「価値がある」「だれかの役に立つ」という思いが育まれるような話し合いのプロセスを価値づける。

価値づけるべきは、教師が教えたとおり、指導したとおりに子どもが行ってくれたふるまいではないと思います。そうではなくて、（大人の目から見たらたいしたことではなくとも）子どもが自ら考え、試行錯誤し、悩みながらも合意形成を図ろうとする姿です。たとえそれが、教師の意図するところと食い違っていたとしても…です。

もし〝自分の意に添わない〟とばかりに自分の敷いたレールに乗せようとしてしまえば、子どもの溌剌とした自由な発想は影を潜め、どのような話し合いも学びのない、形ばかりの予定調和にしてしまうでしょう。

授業はドラマだ――どの子も役割を担っている

職員会議や授業研究にかかわる協議会などの場で自分の考えを述べるのは、なかなかに勇気のいることです。初任者など若手であればなおさらそうでしょう。上司や先輩の話を理解するのに精一杯なこともあります。

ときには、意見を求められて発言することもあります。しかし、〝自分の発言はみんなにどう伝わったのだろう？　おかしなことを言っていなかったかな…〟と不安を拭えません。

しかし、たとえそうであったとしても、周囲の発言をただ聞いているより、はるかに有益です。自分の考えを見つめ直したり、他の先生方の発言と比較したりして、深く考えるきっかけになるからです。

子どもも同じです。

高学年になってくるにつれて（個人差はありますが）どの子も自意識が強くなります。心と体の成長に必要なことの一つで、自然な変化です。ここで着目したいのは、子どもたちの自意識の発露の仕方には個人差があるということです。

ある子は、これまでよりもクラスメイトの注目を集めたいという願望が強くなります。

ある子は、自分の変化を割と冷静に受け止めていて特定の行動が助長されることはあまりありません。

ある子は、周囲の視線が気になるあまり、みんなの前で発言することをためらうようになります。

ほかにも、いろいろなタイプの子がいるでしょうけど、多くの子は、3つめに挙げたタイプなのではないでしょうか。一部の子どもの発言によって進行していく授業を見かけることがありますが、そうした背景のひとつに挙げられるような気がします。

では、致し方ないことなのかといえば、そんなことはありません。もし、〝高学年なのだからそういうものだ〟などとみなしてしまえば、クラスのなかで学習者はひと握り、その他の子どもをすべて傍観者にしてしまうでしょう。

実は、一部の子どもだけで進む授業には、自意識の発露以前に、本質的な課題が潜んでいるのです。それは、授業に対する役割意識と学習に対する責任の不在です。

「授業は先生が行うもの」「学びは先生が与えてくれるもの」ととらえてしまうと、その子にとって学習は他人ごととなります。そのため、授業への主体的なかかわりが希薄となり、結果として一部の子ども任せにしてしまうのです。

もちろん、得意・不得意といったこともあるでしょう。体育の授業では時計の針ばかり気にしてしまうけど、国語の授業では意欲的に取り組めるといった調子です。一人一人好みも個性も異なることから、〝この子の能力や好み、個性の問題なんだな〟などと感じることもあると思います。

しかし、安易にそうみなしてしまうと、学びを子どもたちの自己責任にしてしまいかねません。それでは、毎日わざわざ学級というひとつのところに集まり、みんなで学ぶ意味や価値が半減してしまうことでしょう。それではもったいないと思います。

毎日を共に過ごす仲間の一人として、自分以外の他者に思いを馳せ、多様な他者を価値ある存在として受け止め、自分自身も認めてもらえる関係性のなかで学び合えてこそ、学校は子どもたちにとって欠かせない学び舎となり得るのです。そのためにも、どの子も授業における自分の役割を担い、学習に対する責任を果たせるようにすることが本当に必要なのだと思います。

発言は控えめだけど、たくさん振り返りを書くAさん、突飛なことばかり言うけど、ときに（教師がドキリとするような）本質的な発言をするBくん、前のめりになってクラスメイトの意見に耳を傾けるCくん、みんなの考えが行き詰まったときに発言を整理してくれるDさん…それぞれがもつ得意・不得意や個性が折り重なるようにして成立する授業では、どの子も学びを自分ごとにします。

そしてこれは、授業の場面だけではありません。特別活動を含むあらゆる教育活動の場面においても同様です。

そのために必要となるのが、次に挙げる両輪を回していくことです。子どもの感性が磨かれ、一人一人が活躍できる集団づくりにつながると考えているからです。

[一人一人の子どもの成長の見取りと価値づけ]＋[個と個をつなぎ、学級集団を鍛える]

たとえば、5年生を受けもったときなどには次のように話をします。

きみたちはこれから、委員会活動に参加したり、下級生たちとかかわったりすること（異学年交流）を通して、学校を支える役割を担います。自動車で言えば、エンジンの役割です。エンジンがなければ自動車は走りません。きみたちは、そういう存在。できれば、ターボつきのすごいエンジンになるといいなぁと思います。

保健委員会は学校の石鹸替え、美化委員会は廊下掃除、放送委員会はお昼の放送といったように、全校の前で目立つ人も、陰で黙々と働く人も、学校を支える重要な役割があります。そんなふうにして、5年生としての自覚を高めていくのです。

6年生に対してであれば、次のように話をします。

だれかと出会ったとき、真っ先に見るのは、身体のどの部分でしょうか。そう、顔ですね。その顔はどんな表情を浮かべているでしょう。穏やかな笑みかもしれないし、不機嫌そうかもしれないし、表情らしい表情がないこともあるでしょう。きみたちはどんな顔だったらいいと思いますか？

６年生になったきみたちは、学校の顔です。下級生はもちろん、いろいろな人たちがきみたちを見ています。きみたちが日ごろどんな行動をしているかによって、私たちの学校がどんな学校なのかを判断することでしょう。できれば、下級生のお手本になる、学校のために先陣を切って動き出せる顔であってほしいと思います。

今度は授業に置き換えてみましょう。

みんなの前に出てきては、歴史上の人物になりきってロールプレイしてくれる表現力豊かな子どももいます。どんなときでも自分の考えを堂々と伝えられる子どももいます。授業を支える屋台骨のような役割を果たしてくれる子どもたちです。

一方で、じっとみんなの話を聞きながら、ノートに自分の考えをまとめ、最後にボソッと感想を述べる子どももいます。クラスメイトの発言を一言も聞き漏らすまいと耳を傾ける子どももいます。

どの子の学びにも価値があり、だれかの考えが、ほかのだれかの考えを深めることに一役買っている。反応の仕方だって一人一人違っていいし、発言の仕方も一人一人違ってもいい。こうした学びの連鎖をつぶさに見取り、価値づけていくことが、私の考える教師のミッションなのです。そうしているうちに、子どもたちは自分の果たすべき役割を自覚し次第に誇りをもつようになります。

身振り手振りで話す子どもがいれば、「いま、Aさんの発言の仕方すごかったなぁ。みんな、なにがすごかったと思う?」と尋ねます。すると、「手を動かしながら伝えようという思いがすごい伝わってきた」と答える子どもがいます。

「そう、先生もそう思ったんだよ。Aさんはやっぱりすごいなぁ」などと、いかにも周りの子どもがその価値に気づいたかのように同意します。

ほかにも、うなずいたり反応したりしながら友達の発言を聞く子どもがいたら、「Aさんが発言しているとき、Bさんがどういうふうに聞いていたかわかる?」と切り返します。発言していた子どもはおよそ「目をつないでくれたり、うなずいたりして聞いてくれていた」と答えてくれます。

さらに「そういうふうに聞いてもらってCさんはどう思う?」と尋ねると、「なにか聞いてくれている感じがしてうれしいです」といった返答がきます。

こうした教師によるかかわりを積み重ねていくと、子どもが自分の行動を決定する際の動機づけが、「先生がこうしなさいって言ったから」といった他律的から、「自分はそうすることが必要だと思ったから」と自律的に変わっていきます。そして次第に、「うちのクラスは、自分たちで学び合える学級だよね」という声が聞かれるようになります。

こうした雰囲気が醸成された段階で、私は授業の冒頭（どの教科でもかまいません）、黒板に大きな字で「授業はドラマだ」と板書し、次のように語ります。

ドラマには主人公もいるし、脇役もいる。なかにはセリフのない通行人だっている。セリフのない通行人は、ただ舞台を歩いているだけだろうか。

なんの目的や理由なく、町を歩いている人はいないよね。バスが遅れてしまって急いでいるのかもしれないし、家族へのプレゼントを抱えてウキウキしているのかもしれない。

セリフのない通行人も同じ。言葉を使わないだけで、身体全体で表現する演者の一人。ドラマに欠かせない登場人物なんだ。

授業でもそうだよね。積極的に自分の考えを発言してくれる人がいる。それを一生懸命聞いているひとがいる。前のめりになってうなずいている人がいる。腕を組んで考え込んでいる人がいる。そうした一人一人が授業というドラマの登場人物なんだ。

だれが欠けても、そのドラマは成立しない。

問いが生まれ、解決に向かっていける授業にするためには、一人一人役割が違うみんなが、それぞれドラマチックに演じることが大切なんだよ。

授業が終わると、うれしそうに近寄ってくる子ども

どの子の発言もできるだけ価値づけるようにしていますが、殊に普段なかなかみんなの前で自分の考えを言えない子の発言に対しては、「新しい視点から考えていてすごいね」などと価値づけるだけでなく賞賛するようにしています。

そんなふうにしていると、発言した子が休み時間に私のところにトコトコやってきて、話しかけてきます。

といっても、褒めてくれてうれしかったなどと感謝の言葉を伝えにくるのではありません。授業での発言のつづきをしにくるのです。「さっきのつけ足しなんですけど…」とか、「さっき、自分が本当に言いたかったことは…」といった調子です。

きっと、授業で発言し終えて着席したものの、〝もっとこう言えばよかった〟とか、〝さっきの言い方だと自分の思ったことが伝わらないかも〟などと頭に浮かぶのだろうと

思います。
こうしたことは、一度や二度ではありません。割とよく起こります。そのたびに私はこう思うのです。

口数が少なくおとなしい子も、本当はもっといっぱい話をしたいのではないか。

（特別な事情でもない限り）どの子も等しく、家に帰れば家族といろんな話をしているはずです。それなのに、1日270分にも及ぶ授業中、自分が思ったことを一言も話すことができずに帰宅しているのだとしたら？　そう思うと、本当につらいことだと思います。
だから私は、1日のなかで1回は必ず、どの子も発言できる場を設定して授業を組み立てるようにしています。

4月から7月までに鍛えたい集団の基礎づくり

競技スポーツの世界には、名将と呼ばれる監督がいます。選手たちはどんどん入れ替わっていくはずなのに、毎年のように全国大会まで駒を進められるチームづくりができる指導者です。

こうした監督は、引く手あまたです。なぜなら、他のチームを率いることになっても、やはり一定の結果を出すからです。それは、質の高い練習を課すことや技術的指導が優れているだけでは説明がつかないはずです。

おそらくですが、選手たちの個性を的確に見定め、十全に引き出し、勝利のメンタリティーをもたせることができるのでしょう。それともう一つ、欠かすことができない能力があると思います。それが、見通しです。

高校野球であれば、甲子園大会に出場するために必要な道筋が見えており、目の前の選手たちの力量やメンタルを見定めて、「いつ」「どこで」「だれが」「なにを」「どのように」「どこまで」をも考えて、チームづくりを行っているはずなのです。

この見通しがあってこそ、時代の変化に応じて練習方法を取捨選択し、集団としての規律を大切にしつつも、一人一人の個性を生かす指導を可能にしているのだと思います。

こうした名将のもとで指導を受けた選手たちは、監督との出会いに喜びを覚え、同じときを過ごしたチームメイトとの感動体験や涙を流すほどの悔しい体験を共有し、豊かな人間性をはぐくんでいくのでしょう。

私自身は野球監督を経験したことはないのですが、かつては選手として全国大会に出場したことのある野球少年だったので、指導を受けた立場から考えて、右に挙げたことはそれほど違わないのではないかと思っています。

それはさておき、小学校教師もまた、競技スポーツの指導者と相通ずる役割を担っているように思います。

4月から3月までの間、1年を通じて学級というチームづくりを行うのが重要な仕事の一つだからです。それも、監督に命じられたことをミスなく再現できるチームではなく、子ども一人一人が自らの意思で柔軟に学びをつくっていけるチームです。

教師である私としては、目の前の子どもたちの姿をつぶさに観察し、発達の段階にも配慮しながら心に火をつけ、「学ぶことはたのしい」「みんなと学び合えると、もっとたのしい」と思えるようにするかかわりに腐心します。

実際に学級が学び合えるチームになれているかについては、7月を一つの指標にしています。というのは、1学期中が勝負だと考えているからです。ちょうど7月には、毎年のように研究大会が開かれていたので（そういう学校に長く在籍していたこともあり）、公開授業をその節目としていました。

1年を通じた私の見通しは、およそ次のとおりです。

【4月】学級開き、学級の土台づくりを行う。

【5月】ゴールデンウィークまでに、学び合えるチームづくりをめざす。

【6月】研究大会に向けたプレ授業を通じて学びの状況を確認する。

【7月】公開授業を通して学び合えるチームとなっているかを検証する。

【9月】夏休み明けに、いま一度チームの状況を見直す。

【10月】全校研究授業に向けて、さらにチーム力を上げる。

【11、12月】子どもたちだけで学びを進めていけるチームにする。

【1〜3月】学級としてのまとめ、自分と学級集団両方の成長を自覚、振り返りを行い、次の学年への期待感をもたせる。


右に挙げたとおりにいかないこともありますが、具体的な見通しをもっておくことで「そのために教師として、いつまでに、なにをしておかなければならないか」を明確にすることができます。

たとえば、ゴールデンウィークまでに学び合えるチームにするには、それまでにすべての子どもが自分の考えを率直に発言できるようになっている必要があります。そこで、「子どもの発言にしっかり耳を傾け、ちょっとしたことでもしっかり価値づけ、賞賛することに集中しよう」といった意識をもつことができます。

11月までに子どもたちだけで学びを進めていけるチームにするのであれば、たとえば、自治的に学級会を運営できるようにする、教科の授業においても個人探究や協働探究の時間を確保し、子どもたちだけで課題（問題）解決的な学習を進めていけるようにする手だてを講じることに腐心します。

このようにして、子どもたちが自走していける学び、学び方をマスターできるようにサポートしつづけます。そのための年間の見通しであり、**学び合えるチームをつくるための、いわば教師のための月間到達目標だ**と考えるとわかりやすいでしょう。

給食や掃除の時間は、クラスメイトの行いを見習う大チャンス

4時間目のあいさつが終われば給食です。即座に身支度を調えて配膳の準備をはじめる子どももいれば、5分くらい経ってからようやく立ち上がる子どももいます。「いただきます！」としっかり声に出す子もいれば、口元を動かすだけの子もいます。こうした所作一つとっても、子どもたちの素の姿が見えやすい時間であり、学級のチーム力を高

めるチャンスです。

私は毎日のように、みんなの耳に入るくらいの声で次のように声をかけて、子どものよさを価値づけて賞賛します。

「Aさんは、準備が早いなぁ。時間の意識が高くてすばらしい！」

「みんなのために、どんどん運んでいて、偉いなぁ」

「盛りつけが上手だから、今日は早く『いただきます』ができそうだね。ありがとう」

逆に、（状況にもよりますが）なかなか準備しようとしない子どもを叱ることはしません。当事者の子どもはもちろんのこと、周囲にいる子どもたち全員を萎縮させてしまうからです。せっかくみんなのモデルになる行いをしている子どもの手まで止めてしまいます。

それに、叱りつけて渋々行動を改めさせたところで、その場限りです。教師のほうはどのような理由で叱ったのかを説明したつもりになっていても、子どものほうは「先生に怒られた」としか記憶しません。そんなことを繰り返していては、教室の空気が重くなるだけです。

こうしたことから、みんなに真似してもらいたい行いを徹底して価値づけ賞賛しつづけているのです。

どの子も、叱られたら嫌な気持ちになるし、褒められたらうれしい気持ちになります。

自分以外のだれかが褒められていたら、少なからずうらやましい気持ちになります。重要なのは次の行動に移させることができるかです。つまり、褒められた子の真似をしたら自分も褒められてうれしくなったという経験を積むことです。

掃除の時間も同様です。一生懸命に取り組んでいる様子を賞賛します。

雑巾が真っ黒になるまで教室の隅っこをきれいにしている子どもがいます。みんなが気づかないような場所にも目を向けて掃除をしている子どもがいます。さらに注意深く見ていると、バケツの水がこぼれそうだから、一緒にもってあげようとする子どももいるし、重たい机を他の人よりも多く運んでいる子どももいます。

いずれも、子どもたちの所作を褒めるチャンスです…などと言いながら、そうするのは実はとてもむずかしいことも知っています。教師である自分に「子どものよいところを見逃さないぞ」と思える心のゆとりが必要だからです。そうでないと、まじめに掃除をしていない子どもばかり目についてしまい、つい声を荒げてしまうのです。

そうならないための最良の策は、自分も子どもたちと一緒に汗を流して掃除をすることです。しかめっ面ではだめです。子どもと一緒に掃除ができることを心からたのしむのです。

そんなふうにしていると、がんばっている子どもの姿のほうがよく目に入るようになります。子どもと同じ目線になれるし、心にゆとりも生まれます。しかも、そんな教師の姿を目の当たりにすると、それまでまじめに掃除をしようとしなかった子どもの態度にも変化が現れるのだから一石二鳥です。

ときには叱ることも必要です。子どもの心身の安全が脅かされるようなときです。人として絶対にしてはいけないことをしそうになったら、周囲の子どもが萎縮しようとなんだろうと、全力で止めなければなりません。

しかしそれは、よほどのときです。少なくとも、給食の時間にだらだらしているとか、掃除の時間にふざけているといったレベルの話ではありません。逆に言えば、その程度のことであればスルーしてしまって、よい行いをしている子どもを価値づけているほうが、はるかによい影響を学級全体に与えます。そのようにして、子どもたちが仲間と協力しながら事をなすことの大切さを学んでいけるようにするのです。

学校生活を共にする役割意識

当番活動や係活動なども学び合えるチームづくりに欠かせません。当番活動では、どの子も1日のうちに必ず1度以上自分が責任を果たさなければならない仕事をもってい

資料9　一人一役当番

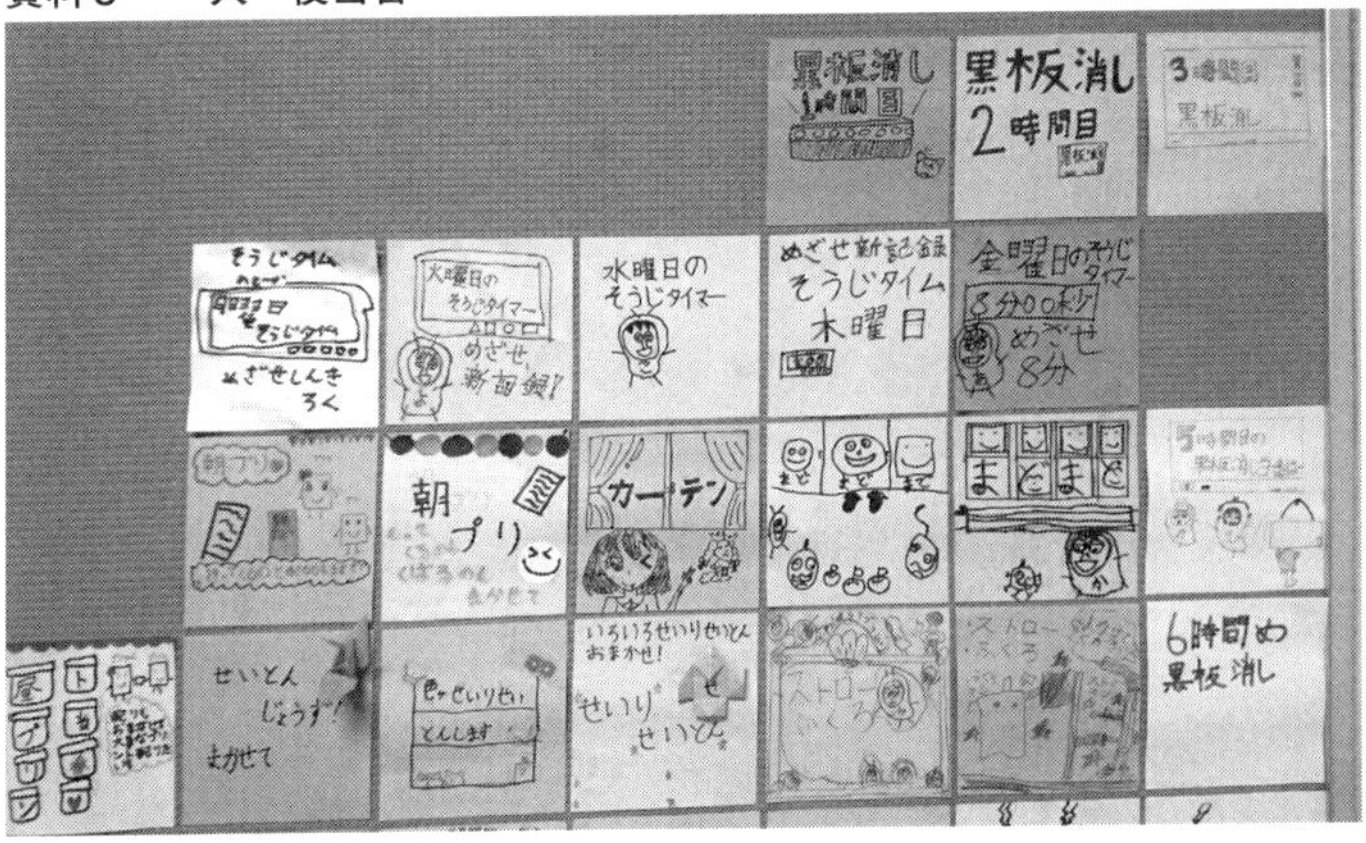

るようにします。これは、学級というチームへの帰属意識をもてるようにすることが目的です。そのために私の学級では一人一役当番を位置づけています（資料9）。

「1時間目黒板消し」の子どもは、毎日1時間目の後に黒板をきれいにします。「帰りの窓閉め」の子どもは、毎日帰りに教室の窓が施錠されているかをチェックします。いずれも、半年間つづけます。共に集団生活を送る一人一人の責任を明確にするのです。

それに対して係活動は、「別になくてもかまわないけれど、学級がよりたのしくなるもの」といった比較的ゆるい位置づけです。どの学級でもそうだと思いますが、私の学級でも「お笑い係」「パーティー係」「遊び係」「クイズ係」などがあります。

自分たちで計画を立てて仲間と一緒に実行するこ

とは、（大人の目には拙く映ることであっても）その内面においては子どもたちの創造性や他を思いやる気持ちを育む可能性を秘めています。

あるとき「パーティー係」の子どもたちは、クラスみんなの誕生日をお祝いする活動に取り組みました。その月に誕生日を迎える子どもたちへのメッセージカードを用意し、みんなで記入してプレゼントするという活動です。自分の誕生日にカードをもらった子どもはみな喜んでくれて、係の子どももうれしそうな表情を浮かべていました。

年間、30人以上もの誕生日を祝う活動ですから、企画から運営までとても大変ですが、3月生まれの最後の子どもをお祝いして、無事、係の活動をやり遂げていました。この活動のおかげでクラスへの子どもたちの所属意識はさらにいっそう高まり、チーム力が増したように思います。

これは、子どもたち自身による学び合えるチームづくりの一例です。

保護者と共に子どもを育てる機運づくり

長年にわたって学級通信を発行してきましたが、その目的は学級の子どもたちの様子を保護者に知ってもらい、保護者と共に子どもを育てる機運をつくることです。

資料10　学級通信

札幌市立[redacted]小学校　５年５組　学級通信　NO. 3

GO！5！ゴー！5！GOGO！　5の5のおたより

平成２１年４月８日（水）

えんぴつの音が聞こえる・・・集中する5組の力

みんなと出会って二日目。５年生になっての思いを作文で表現してみました。身体計測の間に書いたので、先生が教室から出たり入ったりする中、みんなは集中して書いていましたね。一人一人が集中して書くと、えんぴつの音が聞こえます。５組の集中力には先生も感動です。

今日は、サイン集めゲームもしました。男子女子関係なく、今までの友達、新しい友達関係なく、あくしゅしてあいさつするみんな。こういうクラスの雰囲気をずっと大切にしていきましょうね。

五年生の一歩　[redacted]

わたしは、春休み中から、クラスも先生も楽しみにしていました。

春休みが終わって、学校がはじまった。学校に行くとちゅう、友達と「クラスはなれたらやだね」と言っていました。

学校に着くと、友達がくつばこで教えてくれました。

「おまえ五組だよ」と。

[redacted]は、「また？」と思いました。

教室に入ると、けっこういいクラスだなと思いました。着任式がはじまると、はやく先生が発表されないかなと思っていました。

いよいよ、二年生から発表されました。どんどん進んで、五年生になりました。

一組…二組…三組…四組…

そして、五組河原先生。

「やったー」

こうふんして、式が終わるまで話をよく聞けませんでした。教室に帰ると、あと二年、この仲間とがんばっていこうと思いました。

五年生になっての思い　[redacted]

ぼくはとうとう五年生になりました。組は五組になりました。「五年になったね」教科書もふえていました。英語と家庭がふえました。担任の先生の発表で河原先生が五年五組の担当の先生になりました。

学級の中の友達は、はじめて会ったのにみんなぼくに話しかけてくれました。ぼくも話しかけたりしました。

ぼくはクラスがえで一緒になりたい人がいたけれど、一緒になりませんでした。

転校生が三人来ました。そのうち一人が韓国の人でした。でも、日本語がぺらぺらでした。

五年生になったら四年生よりも身長が伸びていました。ちょうど百三十七センチメートルでした。

ほんとうに五年生になったんだなぁと思いました。

五年生になって　[redacted]

「アーアーよくねた、まだ七時か。まだ寝ていよう。」

とその時、いやな予感がした。カレンダーを見ると四月六日。

「……あっそうだ、今日は始業式なんだ！」

とぼくははっと気づいた。

しかも、先生はかわるし、クラスメイトもかわる。ぼくの心はきんちょう感であふれだした。

「ヒャーこわいこわいこわいこわいこわーい」と思いながら、もう登校時間になってしまった。

「どんなクラスメイトでどんな先生になるのかな」とドキドキして表を見た。

五年五組十二番のところに[redacted]と出ていた。それに仲良しの[redacted]ものっていた。クラスメイトのことはまず安心した。でも、まだ先生がだれかもわからない。いよいよ着任式が始まる。ドキドキドキドキカチカチカチカチと体全体がぶるぶるしている。

「五年五組、河原秀樹先生」と聞いたとき、「よっしゃ」と思った。

ぼくは、とても安心した。

もう五年生。高学年っぽくふるまわなきゃと思っています。

転校しての思い　[redacted]

ぼくは、[redacted]小学校から転校してきて、初めは緊張していました。転入生が四十八人と聞いたときは、とてもおどろきました。そして、担任の先生が決まりました。

「男の先生だ。」

だけど、やさしそうなので安心しました。

全校児童が九百四十一人と聞いてびっくりしました。[redacted]小学校の二倍以上いるので、すごいと思いました。

学級に入ったら、となりの人がジャンパーをかける場所と、ランドセルを置く所を教えてくれたので、うれしかったです。「新しい友達が話をしに集まって来てくれたので、良かったです。「好きなスポーツは？」と聞かれたり、「きらいな食べ物は？」「野球好き？」とか聞かれてすごくうれしかったです。友達がたくさんつくれそうだったので、安心しました。

五年生になったので、これからは高学年として、低学年にやさしくしたいです。勉強は、新しく入った家庭や英語をがんばりたいです。思いやりと元気と笑顔のあふれたクラスにしたいです。

その他にもあったいろいろなできごとキーワード

- 先生とみんなが踊ったアブラムシのおどり
- [redacted]先生が５組にやってきた！そして、変身。
- 先生が中学校の入学式にいっている間に、がんばって行動した自分

などなど・・・

資料10はそうしたなかの1枚です。年間を通して発行する学級通信はおよそ100枚。毎日の様子を発信することはけっして簡単なことではありませんが、たくさんの保護者と連携関係を築ける手応えを感じています。

加えて、この関係をさらに強固にする取組が、保護者への電話連絡です。学級通信に掲載した子どもの家へ電話をかけて、「Aさんが今日、社会科の授業でがんばっていましたよ。詳しくは学級通信に載せていますので、ご家庭でも褒めてあげてくださいね」などと伝えるのです。これもまたたいへんな取組だと思いますが、その効果は絶大です。

（通知表などもそうかもしれませんが）学級通信づくりに多大な時間と労力をかけて作成した

わりには、保護者と共に子どもを育てる機運にまではいたらないこともあります。もちろん、わが子が活躍した姿が取り上げられていれば、好意的に受け止めてもらえますが、その日限りの喜びにとどまることも少なくありません。

それに対して、ほんの3分程度でも担任から直接伝えられた言葉は、年度の終わりまで保護者の脳裏に残りつづけるのです。こうしたことも、教師への信頼を獲得する一因となります。

子どもたちにとっても、自分のノートや作文が学級通信に取り上げられればよろこんでくれるし、そればかりか、じっくり読み込んで自分の学習のなにがよかったかについて考える機会ともなります。

あたたかな人間関係をつくる教室環境

掲示物など教室環境を視覚的にどう構成するかによって、学級の雰囲気はずいぶんと変わると思います。子どもたちがそれぞれ、学級のなかで担っている自分の役割を再確認できたり、仲間と協力し合って行動できているんだなと思えたりすることができれば、学級への所属感や連帯感の高まりも期待できます。

本章の冒頭で紹介した「輝きの輪」や「かがやき流星群」などの掲示は、ある日に完成させるものではなく、クラスメイトの「かがやき」を見いだしてはそのつど追記し、少しずつ完成に近づけていく取組でした。1年を通して変化していく掲示であり、そのおかげで子どもたちの成長の証ともなったのです。

この試みは、子どもたちのあたたかな人間関係づくりにずいぶんと寄与したように思います。休み時間などでも「Bさんが私のことを書いてくれたよ」「わたしもなにか書いてあげたいな」という言葉がよく聞かれました。このようにして子どもたちはお互いに認め合う雰囲気を自らつくっていったのです。

また、学級懇談などの際には保護者も見ることもできるので、学級の雰囲気を伝えやすいといったよさもあります。

全員遊びは、手つなぎ鬼ごっこ

高学年の担任を受けもつと、4月のはじめころに決まって行うようにしている遊びがあります。それが、手つなぎ鬼ごっこです。鬼に捕まったら手をつなぐ遊びで、男女の区別なく行います。

「よーし、今日は、早く掃除を終わらせられたから、みんなで昼休みに遊ぼう！」と声をかけて、子どもたちを体育館に連れ出します。

子どもたちが勢ぞろいすると、私はガキ大将らしく場を仕切ります。

「今日やるのは、手つなぎ鬼ごっこです！　最初は先生とあと3人が鬼になります。よし、王様じゃんけんに勝った3人が鬼ですよ！」

　こんな調子でスタートします。

　高学年になると、それまでにはあまり見られなかったような男女間、友達間のトラブルが起きやすくなります。それ自体は発達の段階上自然なことでもあるわけですが、放っておけば、修学旅行など集団で行動することが必要な際にうまくいかなくなることがあります。

　そこで、学級開きを行って間もない4月のうちに、お互いにフォローし合える学級の基礎づくりを行うことをめざします。

　ポイントは、手つなぎであること。男女を問わず、手をつなぐなどのふれあいは、脳内でオキシトシンを生成すると言います。これは、心理的な絆やつながり、信頼の構築、共感などに関係する幸福ホルモンなどとも呼ばれる物質でもあり、感覚的な距離感を縮めてくれると考えているからです。とはいえ、自分から手をつなぎ合おうとはしないので、教師である私が率先して行うことで抵抗感を和らげます。

手つなぎ鬼ごっこを通して「みんなで遊べてたのしかった」「仲よくなれてうれしかった」という印象をもてれば、他者を意識しすぎるあまりに生まれるネガティブなエネルギーを、ポジティブなエネルギーに転換できると私は考えています。加えて、子どもたち一人一人の反応から、人間関係を見るのにも効果的です。

こうした体験を4月当初にしておけば、後々の学級生活でトラブルが起きたときにも、リカバリーしやすくなります。

叱るときは「行為」に対してのみ

自分で言うのもなんですが、私は割と穏やかな教師だと思います。子どもからも、「先生って、いつも鼻歌を歌っていてたのしそうですね」なんて言われるくらいですから。

そんな私でも、ときには厳しく叱ることもあります。

ある年に高学年を受けもったときのことです。その学級には、たいへん物静かな女の子がいました。休み時間に声をかけても、うなずいたり首を横に振ったりするだけで口数がとても少ない子です。しかし、人が苦手というわけではないことは表情からわかります。

その彼女が、ある授業で自分から手を挙げました。とてもドキドキしている様子が伝わってきます。私はうれしくなって指名しました。

彼女は自分の考えを口にしました。でも、声が小さくて、なにを言ってくれたのかよくわかりません。

すると、ある男の子が「声が小さいよなぁ。そんなんじゃ、聞こえないよ」と言いました。

即座に私は言いました。

「聞こえないって言うけれど、あなたはちゃんと聞こうとしたの？」

その瞬間、教室が静寂に包まれました。

男の子にしてみれば、〝聞こえなかったから、そう言っただけなのに…〟と思ったかもしれません。しかし、そこには（無自覚だったかもしれませんが）明らかに嘲笑する気持ちが見て取れました。こういう瞬間を見逃すと、学級はあっという間に崩れていくものです。

「がんばって発言してくれた仲間の言葉が聞き取れなかったというのであれば、どんな言葉で伝えたらいいと思う？」

男の子は少し沈黙したあと、言いました。

「ごめん、ちょっとうまく聞こえなくて…、えっと、もう一度言ってもらえますか？」

彼女は涙目になりながらも、がんばって発言してくれました。

「どうだい、聞こえたかな？」

男の子は、「うん」と言って小さくうなずきました。

それからというもの、その男の子の聞き方が変化しているのに気づきました。発言するクラスメイトと目をつないで（自分のへそを向け、目と耳と心で）話を聞こうとするようになったのです。

授業が終わった直後、みんなの前で、その男の子を褒めました。

「学級のどの仲間の発言に対しても、目をつないで聞いているのが伝わってきたよ。そういう姿勢ってすばらしいよね」

男の子はきょとんとした顔をしていました。

なにを考えていたのかはわかりません。でも、心が揺れているのを感じました。

たのしいから笑うのではない、笑うからたのしくなるのだ

私がまだ教師になって間もないころのことです。ある朝「おはようございます」と言

いながら教室に入ると、ある子どもが次のように言いました。

「先生、今日は朝からお説教ですか？」

私はびっくりして聞き返しました。「えっ？　そんなわけないでしょう？」

「だったらいいんですけど」とその子は言いました。「先生、なんだか怒った顔をしていたから」

その瞬間、〝あぁ〟と声が漏れました。思い当たるふしがあったからです。

当時、やらなければならない仕事が山積していて睡眠不足だったのです。疲労も溜まっていたことでしょう。そのために、期せずして険しい表情になっていたのだと思います。このとき、教師の表情が与える影響の大きさを痛感させられました。

ちょうどそのころに知ったのが、「たのしいから笑うのではない、笑うからたのしくなるのだ」という言葉でした。これは、アメリカの哲学者であり、心理学者であるウィリアム・ジェームズの名言だといいます。

学級にはクラスメイト同士でもめごとに発展する火種がいくつもあるものですが、高学年であれば宿泊学習のグループ決めや部屋決めなどは最たるものでしょう。多くの子どもは〝あの子と一緒になれなかったら、せっかくの宿泊学習がつまらなくなってしまう〟などと思い込んでいます。

その気持ちはわかります。しかしその一方で、仲のよい一部の者同士とばかり過ごしているだけでは、自分たちの成長につながるチャンスが半減してしまうとも考えています。普段あまり話をしないような子のもっているよさやおもしろさに気づけないままだからです。

そこで、子どもたちには次のように話しています。

「宿泊学習は、グループのメンバーがだれであっても、自分たちの力でたのしくすることが大切なんだ。そうできれば、もっともっとおもしろい宿泊学習になるよ」

もし、自分の好きな友達と一緒になれないとたのしくならないのであれば、学級の3分の1くらいの子どもは沈んだ表情になってしまうでしょう。それでは、自分の好きな友達と一緒になれた子どもも、たのしい気持ちのままではいられません。〝なんだか思っていたほどたのしくない〟などと感じはじめ、時間差で気持ちが沈んでいきます。

逆に、たのしそうな顔、うれしそうな顔が多ければ学級全体が明るくなります。そのために必要なのが、どの子に対しても思いやりをもって言葉を交わせる心遣いや配慮です。そのような意味でも、宿泊学習は仲間に対する心遣いや配慮を学ぶ絶好の機会だと思うのです。

これは、宿泊学習のグループ決めや部屋決めに限ったことではありません。身近なところでは、席替えなどでも変わらないと思います。

子どもの行いは教師のふるまいの相似形

学校教育において子どもは、教師の言うとおりには育ちません。ですが、教師自身のふるまいのとおりには育つものです。教師の言葉遣い、何気ない一挙手一投足のすべてが、（よくも悪くも）子どもに多大な影響を与えるからです。まさに鏡ですね。

悪い例を挙げましょう。

どこの学級にも、授業中に座っていられない子、忘れ物が絶えない子、クラスメイトに嫌な言葉をかけてしまう子など、一定数いるものです。そうした子どもたちに対して、「それじゃ、ダメだ」と頭ごなしに叱責しつづけていたらどうでしょう。周りの子どもたちも、（日常的に行っている教師の所作の影響を受けて）その子に対して厳しい態度で接するようになるのではないでしょうか。

このような頭ごなしのふるまいの背景には、〝この子はみんなと同じようにできない。ダメな子なんだ〟という思い込みがあるのだと思います。しかし、本当のところはどうでしょう。

結論から先に言えば、ある特定の行動が（人と比べて）うまくできないからといって、すべてにおいてダメだなんてことはあり得ません。それどころか、教師の目にはダメな姿であるかのように見えているだけで、その行為の背後には個性豊かな感性を隠しもっていることもあります。

例を挙げましょう。

●〝すぐに授業と関係ないおしゃべりをはじめてしまう子なんだよな〞とネガティブにとらえていたのだけど、あるとき「自分の好きなことを例に挙げながら説明してみて」と促してみたら、野球の場面にたとえながら独創的で的確な発言をした。

●自分の考えを言葉でまとめることができないと思っていた子に、「自分がいいと思う方法でまとめていいんだよ」と伝えてみたところ、自分の考えを関係図やフローチャートといった図で表した。

いずれも架空の例ですが、教師としての自分の思い込みを外されるような経験をされた方は多いのではないでしょうか。

教師にかぎらず、人はつい（よい意味でも悪い意味でも、安心感を得たいあまりに）「この人は〇〇だ」などと決めつけてしまいがちです。子どもが相手なら、なおさらそうした視線は強くなるでしょう。

しかし子どもは、日々成長しつづけていく存在です。そのように考えれば、虚心坦懐に子どもを見るまなざしをもつことが大事なんだと思います。

そうかといって、ただ子どもを見つめていればわかるようになるわけでもありません。ここに教師によるしかけが必要なゆえんがあります。子ども一人一人のよさが学級のなかで輝けるようにするしかけです。

いつもとはちょっと違った切り口から発言を促す、Bさんが感じているCさんのよさを語ってもらうといったしかけです。そうしながら子どものよさを価値づけ、教師と子ども、子ども同士で、次のように思える雰囲気をつくっていくのです。

学級にあなたがいてくれてよかった。あなたはこの学級で欠かせない存在なんだよ。

子どもを育てるということは、何ごとにも代えがたく、本当にやりがいのあるすばらしい仕事だと感じています。

たとえ言葉にはしなくても、心ではたくさんのことを考えている

次に紹介するのは、ある男の子の話です。

その子は、ほとんど表情を変えず、1日のうちにほとんど発話もしない、もの静かな男の子でした。授業で指名されると小さな声で、ほんの少しだけ発言するような子です。

無理に話を引き出そうとすると嫌がるだろうなと考えた私は、日々「おはよう」とか「今日は雨だね」といった他愛もない声をかけていました。ときには私の言葉に笑顔で反応してくれることもあって、〝これはこれで、まぁいいのかな〟と。

結局、その子のことは2年間受けもちましたが、なにかしら変化が生まれることはなく、〝あまり育ててあげられなかったなぁ〟と反省しきりだったのですが、新年度のことです。

廊下を歩いていると、不意に呼び止められました。声をかけてきたのは、その子の保護者です。あいさつを交わすと、次のように言われました。

「うちの子が、先生と離れ離れになってしまって、寂しがっていますよ。先生には、優しくかかわってもらって、安心できていたみたいです」

その瞬間、〝あぁ、そうだったんだ〟と思い至りました。〝1日のうちに、たとえ一言もしゃべらない子どもであったとしても、心のなかではたくさんのことを感じ考えているんだな〟と。

日々教室に入ると、元気いっぱいに話しかけてくれる子どもがいます。そこまででなくとも、こちらから水を向ければ堰を切ったように話をしてくれる子もいます。そうした子どもたちと話をするのは、とてもたのしいひとときです。

それとは対照的に見えるかもしれませんが、（前述の男の子のように）一言も口を開かない子どもたちもまた、物静かだけどあたたかなまなざしを学級に向けてくれているのです。そうだからこそ、教室全体の雰囲気が明るくなるのです。そんな当たり前のことに気づかせてもらった一幕でした。

学級にはいろいろな子がいますから、どう接すればよいかについては、そのつど考える必要があるでしょう。しかし、どのような背景をもつ子であっても、先入観を排してフラットな目線でかかわることが本当に大切なのだと思います。

それ以来、よく話しかけてくれる子どもには3割くらい、自分からは話しかけてこない子どもには7割くらいの感覚で声をかけるようにしています。加えて、毎日座席表を印刷しておき、その日に一言でも言葉を交わした子どもの座席表に印をつけたり、話した内容を簡潔に記録したりしています。そうしていると、〝この子とは最近、あまりお話できていないな〟と気づくことができます。

子どもや保護者は何気ない教師の言葉をよく覚えている

年度末の懇談会で、ある保護者からこんな言葉をかけられたことがあります。

「うちの子どもが給食時間にお皿を落として割ってしまった日のことなのですが、家に帰って来るなり、『学校でお皿を割っちゃったら、先生が「大丈夫？　けがはない？」と声をかけてくれたんだ。やさしい先生なんだ』と話をしてくれました。本人は叱られると思ったみたいなんですよね。それなのに、思いがけない言葉をかけられてうれしかったんだと思います。だから先生、４月からもぜひ学級を受けもってくださいね」

私はただ驚くばかりでした。お皿が割れたことはかろうじて記憶に残っていましたが、そのとき自分がどんな言葉をかけたかなど、すっかり忘れてしまっていましたから。

些細なことなのかもしれないけど、このように自分のしたことを保護者から認められたら心が動きます。教師冥利ですよね。これも一つの感性のはたらきなのではないでしょうか。

これはポジティブなエピソードですが裏腹で、教師の何気ない一言が子どもや保護者の心を深く傷つけてしまうこともあります。教師のほうはその場限りですぐに忘れてしまっていても、子どもや保護者のほうは一生忘れられないかもしれません。それだけ、教師の言葉はよくも悪くも、子どもや保護者に大きな影響を及ぼすということです。

しかもそうした言葉は、ふとしたときに口をついて出てくるものだから、瞬間的に気をつけられるものではありません。そう考えれば、「子どもにとって自分はどんな教師でありたいか」を明らかにして、学校生活の何気ない場面でも自覚的に接することが大事なのだと思います。

仲よし3人組が私に教えてくれたこと

私がかつて受けもった5年生の学級には、いつも一緒にいる女子3人組がいました。休み時間のたびにアイドルの話やテレビドラマの話などをしては盛り上がる子どもたちです。

それが10月ごろになると、少しずつ様相が変わっていきます。そっと私のもとにやってきて、ある子は「勉強がむずかしくてわからない」と言い、ほかのある子は「女子3

人でいるのがたいへんなときもある」などと悩みを口にするようになっていきました。私のほうは「そっかぁ」などと共感的に聞いてはいたものの、とくになんらかのアクションを起こすことはなく、内心〝高学年らしい悩みを抱える時期に来ているのかな〟くらいに思っていました。しかし現実は、そんな簡単な話ではありませんでした。段々と3人ともが授業に集中できなくなっていき、学級のなかで少し目立つ存在になっていったのです。

私にとっては、はじめて受けもつ5年生だったこともあり、どうするのがよいかがわからずにいました。しかし、だれに相談することもなく、〝自分の力でなんとかしなければ〟と思い込んでいました。いま思い返すと、この思いの裏には〝同じ学年の子どもたちはどんどん成長していっているというのに…〟という焦りがあったのだと思います。

そんなあるときのことです。その3人の女の子を前にして次のように言いました。

「いろいろな悩みがあるのはわかるけれど、やるべきことはしっかりとやらなければいけないんじゃないか」

相当に強い口調だったと思います。

するとその日を境にして、私と彼女たちとの関係性が様変わりしていました。話をしていてもどこかよそよそしく、私に対して心を開かなくなっているように感じられたからです。その後も、彼女たちとの関係を築き直すことができないまま、年度末の終業式を終えてしまいました。

次年度はクラス替えのないもち上がりです。正直なところ、彼女たちにどう接すればよいかわからないままでした。すると新年度を迎えて間もないころ、女子3人組が私のもとにやってきて3冊のノートを私に差し出しました。

そこには、私が毎日のように発行していた学級だよりを切り抜いてコラージュふうに貼りつけてありました。それだけではありません。こんな書き込みを見つけました。

「今日は、Aくんが転校してしまった悲しい日。みんながお別れのメッセージを言っていると、先生が最初に泣いちゃうから、私もつられて泣いちゃった。5年2組は、本当に最高のクラスだな！」

ほかにも私が日々、学級の子どもたちに対してどのような言葉をかけたのか、そのときどのような表情をしていたのかまで綴られていました。彼女たちの話を聞くと、休み時間や放課後などに書いていたと言います。

彼女たちとの間に生まれてしまったわだかまりは、私の感情的な物言いのせいです。だから、〝自分の力でなんとかしなければならない。子どもたちにできることではないんだから〟と私は思い込んでいました。

しかし、私は高学年の子どものもつ力を見誤っていたのです。彼女たちのほうが私よりも心を痛め、どうしたら私とよい関係を築き直せるのかをずっと考えてくれていたのです。

このとき私はようやく、「高学年の子どもの心と向き合うとはどういうことか」「学級がよりよい集団になるとはどういうことか」が、自分なりにイメージすることができたように思います。

その後もいくどとなく、高学年の子どもたちを受けもちましたが、卒業式を迎えるたび、恥ずかしそうに握手をしてくれた女子3人組の表情が思い出されます。

「よい授業」は、子どもたちとイメージを共有できてはじめて現実になる

「授業中にも笑い声があふれ、あたたかな雰囲気の授業にしたい」

一例にすぎませんが、教師であればなにかしら、自分の理想とする授業像をもっていると思います。それに対して子どもたちはどうでしょう。

たとえば「4年生のときの社会はたのしかった」など、それぞれにイメージしている

ことはあるでしょう。けれど、具体的にどのような点が自分にたのしさをもたらしてくれたかまで明確にイメージしている子はまれだと思います。

しかしそうであっては、たとえ教師の抱いている授業像がどれだけすばらしいものであっても、子どもにとっては〝教師に言われたから、そうしなければならないもの〟といった認識にとどまるように思います。こうしたことから、「よい授業」のイメージを子どもたちと共有することを重視しているのです。

1　よい学びをしている学級の子どもたちの学ぶ姿を見に行く

どの勤務校にも〝自分もこんなふうな授業にしたいな〟と思う学級があると思います。そうした学級に、（担任の先生から事前に許可をもらったうえで）子どもたちを連れていきます。

4年生を担任していたあるときは、次のように提案してみました。

「来年度からは、いよいよ高学年だね。高学年の人たちはどんなふうに学んでいるのか、少しだけ授業を覗きに行ってみない？」

その瞬間、子どもたちの好奇心は一気に高まります。

「おもしろそう！」

「えっ、どこのクラス見に行くの？」

「先生、勝手に入って怒られない？」

子どもたちは、（場合にもよりますが、基本的に）非日常的なことをするのが大好きです。よその学級の授業参観なんて、それこそ本当はしてはいけないことを、（教師のお墨つきを得て）こっそりできる秘密のあそびみたいに感じて目を輝かせます。

「今日は、5年1組にお邪魔しようかと思う。授業の邪魔にならないよう、そーっと後ろから入って見学させてもらおうよ」と言って、子どもたちを連れ出します。

目指す教室に入ると、5年生の子どもたちのほぼ全員が手を挙げている光景がまず目に飛び込んできます。指名された子が発言しはじめると、ほとんどのクラスメイトがその子のほうに体を向け、うんうんとうなずいたり腕組みをしながら考え込むような様子で話を聞いています。

次はグループに分かれてディスカッションです。あるグループでは個別に調べたことを出し合って、考えを練り上げています。次々とアイディアが出され、話をしている内容も高度です。見学している4年生の子どもたちはみな、一様に驚くばかりです。

見学を終えて自分たちの教室に戻ってくるなり、自分が感じたことを言い出します。

「5年生、すごすぎ！」

「ぼくらには無理だわ」

「5年生になったら私たちもできるようになるかなぁ」

しばらくの間、興奮冷めやらぬといった感じです。

こうした子どもたちの感想を引き取って、「たとえば、どんなところがすごいと思ったの？」などと問いかけながら、自分たちもしてみたい学習の仕方や授業の受け方について話し合います。

このときは、進級後のイメージづくりを目的として行いましたが、ほかにもいろいろなやり方があってよいと思います。

たとえば、「間違ったことを言いたくないばかりに発言に躊躇する」「周囲の視線を気にするあまり手を挙げにくい」といったことが理由で、授業での発言が少ないと感じているのであれば、発言の多い下学年の学級を見学させてもらうといった考え方です。

見学先の学級で、「思いつきレベルでも、間違ったことでさえもガンガン言い合いながら、みんなでたのしそうに学び合っている姿」を目の当たりにできれば、いろいろなことを感じ考えるはずです。

なかには、〝自分たちも以前はそうしていて、たのしかったな〟といった気持ちを思い起こすかもしれないし、ワチャワチャした様子を教師が価値づけることによって、クラスメイトの前で自分の考えを口にするハードルを下げることもできるかもしれません。

要は、目的と発想次第だと思います。

憧れをもたせたいなら上学年、課題意識をもたせたいなら下学年、対抗心をもたせたいなら同学年といったところでしょうか。しかし、気をつけなければならないこともあります。それは、同学年の見学先は勤務校にすべきではないということです（隣の学級への対抗心は、往々にして過度の競争心につながり軋轢を生む可能性があります）。

では、どうすればよいのでしょう。それが次に紹介する授業動画の視聴です。

2　他校の学び合う子どもたちの姿を見せる

たとえば、同じ研究会に所属している教師にお願いして（管理職の許可も得て）授業を撮影させてもらい、録画データを学級のみんなで視聴するという方法です。このとき、定点撮影した動画をそのまま視聴しても授業のよさは伝わりにくいので、教師が見せたい学習場面を切り取るなどの工夫（最低限の編集）が必要になると思います。

「今日は、A小学校の授業動画をみんなで観ます」と切り出せば、授業見学のときのように子どもたちは興味をもちます。さらに「そうそう、みんなと同じ学年の子どもたちだよ」などとつけ足せば、さらに好奇心が高まるでしょう。

そして、動画に登場する子どもたちの学習の仕方と自分たちが違えば、次のように発言してくれます。

「教科書や資料集から、どんどん情報を見つけていて、すごい！」

「みんながどんどん発言している」

「自分たちと同じ年なのに、すごく議論している」

「自分たちにだって同じようにできるよ」

「負けてはいられないよね」

実はこの試み、これまで何度も行っているのですが、そのたびに「よい学び方」を感じ取ってくれるし、子どもたちのやる気に火をつけてくれます。

3　自分の学級の授業を撮影して視聴する

自分たちの授業の動画視聴の場合には、ややもするとクラスメイトの所作をからかうなどといったリスクを伴うので、お互いを尊重し多様性を認め合える学級になっていればこそ行える取組ですが、そうした学級であれば次のような発言が生まれます。

「Aさんは姿勢がいいなぁ。自分はちょっとまずいかも」

「ぼくはけっこう大きな声で発言しているつもりだったけど、思ったよりも小さいな」

「Bくんはいつも一生懸命だよね」

このようなクラスメイトのよさを見習おうとするつぶやきや、自分の至らなさを改めようとするつぶやきが随所で聞かれるようになります。

このように1～3で取り上げた取組を通して、「よい授業」のイメージを子どもと共有していきます。それと最後に挙げたいのは「よい授業になるかは、自分たちの学び方次第だ」（授業は自分たちでつくるものなんだ）という自覚につながることです。

自分の得意なことを生かせる教師の学び合い

公立の小学校に勤務していたときのことです。その学校は、50代のベテランの先生方と20代の若手の先生方がそれぞれ同じくらいの割合の学校で、私は研究部長として学校研究を推進する役割を担っていました。

私自身は教職年数の長短にかかわりなく校内研修を充実したいと考えていて、あるとき思いついたのが「15分間のミニ研修」でした。「もっと先生方が自分らしさを発揮できるような研修にできないものだろうか」と考えたのがきっかけです。

数年にわたって同じ職場で働いていても、学年が一緒になるとか授業をよく公開しているといったことがないと、先生方がそれぞれどんなタレントをもっているか知らないものです。しかし、職員室をよく見渡したり、先生方に聞いて回ったりしてみると、意外なタレントをもっていることに気づかされます。

例を挙げると、次のような先生方です。

- 工作が得意で、学級掲示が得意な先生
- 板書が得意で、子どもの考えを構造的にまとめられる先生
- 体育が得意で、鉄棒や縄跳びの技能の高め方を教えられる先生
- 音楽が得意で、合唱指導のコツをよく知っている先生
- 習字道具や絵の具セットの使い方が得意な先生
- ちょっとした空き時間などにできる遊びのレパートリーが多い先生
- 授業名人で、発問や子どもの指名の仕方といったワザをたくさんもっている先生
- ICTへの造詣が深く、効果的な活用方法をよく知っている先生　などなど

こうした得意分野を生かして（講師になってもらって）気軽に研修できれば、さまざまな気づきのあるおもしろい研修になるのではないかと考えたのです。

実施要領は次のとおり。

●開催頻度は月に2回程度にする。
●勤務時間中に行う（放課後実施）。
●研修時間は15分とする。
●参加するかは先生方の自由とする（堅苦しくしない）。
●講師は、校内の教職員のだれかに担ってもらう。

実際に行ってみると、ことのほか好評で、毎回ほとんどの先生方が参加してくれました。研修ごとにテーマが異なることに加え、それを得意としている同じ職場の先生が講師を務めるので、距離感が近いうえにハズレがありません。

さらに（うれしい誤算とも言うべきで）研修を受けた先生が「自分でも掘り下げてみよう」と思えたり、職員室でのなにげない対話も活発になったりしました。こうした研究意欲やコミュニケーションへの意識の高まりが、よりよい同僚性につながっていったのです。

講師はもち回りにしていたわけではないのですが、勤務校の先生方は20名ほどだったので、1年ですべての先生が講師を務めることができました。

こうした試みは、ここまでに述べてきた集団づくりとも通ずるように思います。

子どもと教師とではたしかに、学校で果たすべき役割は異なります。しかし、「自分は必要とされている」「興味をもってくれている」「自分の言動はだれかの役に立っている」「自分もやってみてよかった」などと思えることが、豊かな学校生活を送るうえで大切なことなのだと思います。

教育研究集会で仲間づくり

どの地域にも有志による教育研究会がありますが、私が勤務している札幌市でも教育研究集会があり、古くから研究が盛んです。

私が専門としている社会科であれば希望制で、各地区の学校から先生方が一つの会場に集まり、みんなでワチャワチャしながら授業をつくり公開します。そんなふうにしていると、いろいろな学校の様子が耳に入ってきておもしろいし、なにより仲間意識が芽生えてきてモチベーションを高めてくれます。

私が推進委員長を務めていたときには、集まってくれた仲間に「参加してよかったなぁ」と思ってもらえる新しい取組を模索していました。そんな折にはじめたのが、社会科授業にかかわるデータ共有です。

手はじめに、自分が授業をしたときの板書の写真やノート指導の方法を共有することからはじめました。すると、会に参加してくれている先生方も自分の授業記録を共有してくれるようになりました。

この試みをきっかけとして、「いま、こんな授業をしているんです」といった対話が増えていきました。さらに、「自分のクラスでは一部の子どもしか発言しなくて…。なかなか授業が盛り上がらないのですが、どうしたらいいでしょうか？」といった悩みを語り合えるようになっていったのです。

自分の悩みや課題意識を胸に秘めたまま会に参加していても、自分に必要な情報を得ることはできません。なぜなら、授業に唯一無二の正解はなく、抱える悩みや課題も個別的だからです。どんなに有能な教師が身近にいたとしても、受け身でありつづける限り、自分にとって本当に必要なことを手に入れることはできません。

しかし逆に、勇気を出して自分から投げかけてみればどうでしょう。「こうしたらいいんじゃない？」「こんな情報があるよ」などと仲間が助けてくれます。

学び合える研究とは、言うなれば学び合える授業と同じで、個別具体の課題解決の場になってこそ深い学びが生まれるということなのでしょう。

そんな当たり前で、大切なことに気づかされたのでした。

目に見えるものから見えないものを想像するということ

よりよい集団づくりを行ううえで、私がとくに大切にしていることがあります。それが「目に見えるものから見えないものを想像すること」です。これは、第2章で述べる「子どもの感性が磨かれる社会科授業づくり」とも通ずる考え方です。

以前勤務していた学校では、月に1回、保護者による本の読み聞かせの会が行われていました。参加してくれる保護者は、事前にポスターをつくり、読み聞かせの日時や本の告知を行い、会の当日は、保護者数名が読む場所を分担しながら読み聞かせをしてくれていました。この場面にフォーカスしてみます。

保護者がつくってくれたポスターや読み聞かせをする様子は目に見えます。しかし保護者のうちのだれがポスターをつくったのか、なぜこの本をチョイスしたのかといったプロセスは目には見えません。この「目に見えないもの」を想像してみるということです（**資料11**）。そうすると、人の営みの意図が浮かび上がってくるのです。

〝冬に近づく季節だから、この本を選んでくれたのかな〟

〝みんなで揃えて読む場面があったから、早く集まって、1時間くらいは練習したんじゃないかな〟

〝この本を選ぶために、地域の図書館に行って借りてきてくれたんだろうな。だって、図書館のシールが本についていたのが見えたから〟

いずれも私の想像にすぎません。本当のところどうだったのかは、保護者に直接聞いてみないことにはわからないでしょう。しかしそれは問題ではありません。私が大切にしていることは、想像してみたことの正しさではないからです。自分なりに想像してみること自体を重視しているのです。

想像力を働かせ、人の営みの意図に思いをいたすことができれば、（私が想像したことが的外れだったとしても）その人とのかかわりが豊かになります。

資料11　目に見えないものを想像するイメージ

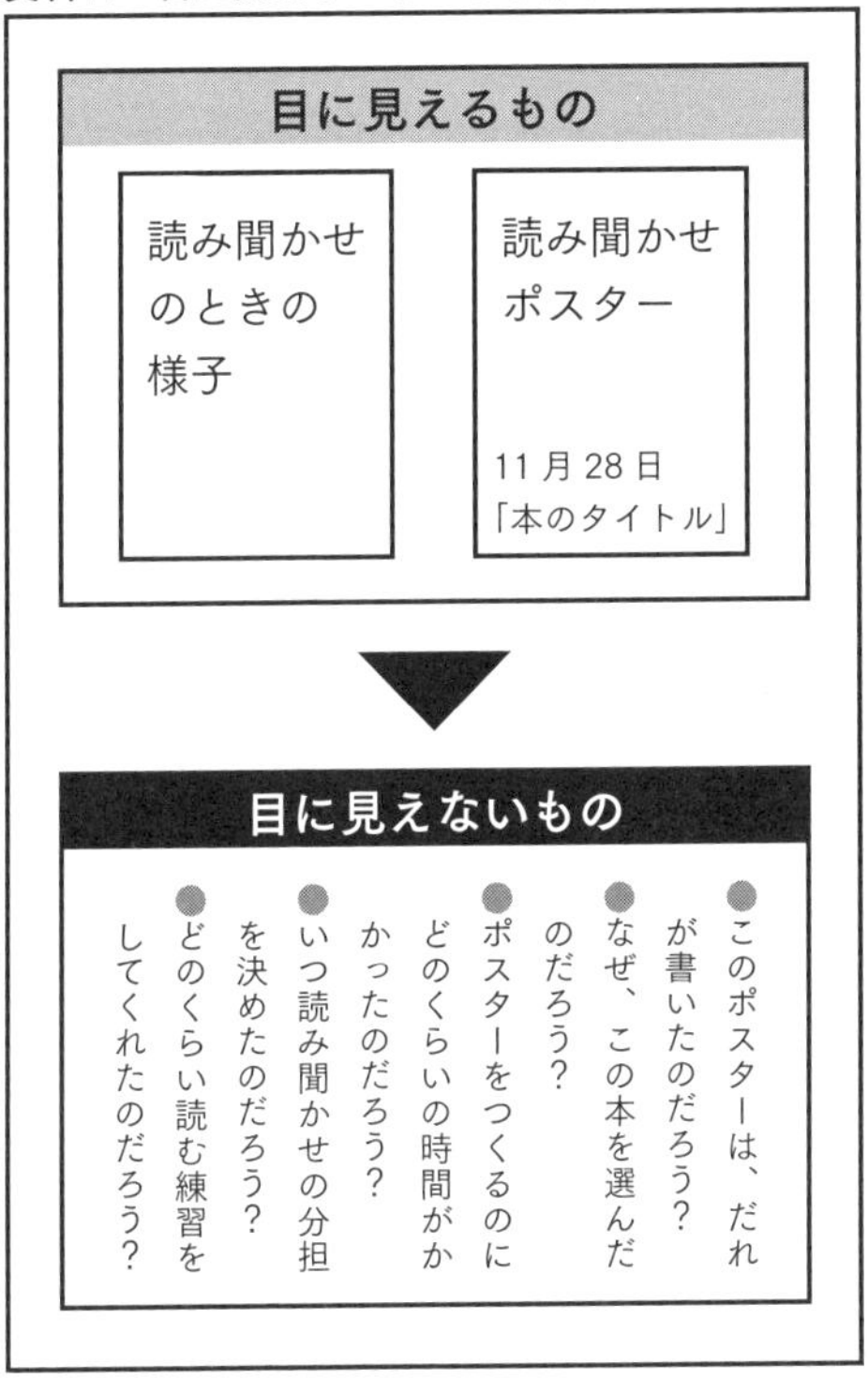
目に見えるもの
読み聞かせのときの様子
読み聞かせポスター
11月28日
「本のタイトル」
目に見えないもの
●このポスターは、だれが書いたのだろう？
●なぜ、この本を選んだのだろう？
●ポスターをつくるのにどのくらいの時間がかかったのだろう？
●いつ読み聞かせの分担を決めたのだろう？
●どのくらい読む練習をしてくれたのだろう？

この豊かなかかわりが感性を磨く苗床となるのです。

授業においても同様です。社会科であれば、多くの単元において「人々の営み」を軸として学んでいきます。「目に見えるものから見えないものを想像すること」は、教師である私が子どもの心を揺さぶる際にも、子ども自身が予想したり自分の考えを練り上げたりしながら学習を豊かにつくっていく際にも大切なことだと思うのです。

見通しをもてれば、学習への期待感が高まる

「先生、今日の授業はなにをするんですか？」

子どもからのこの問いかけをどのように受け止めるかによって、教師としての基本スタンスが変わるように思います。必ずしも「いい・悪い」ということではないのですが、子どもからもし、この質問を私が受けたならば、次のように受け止めます。

〝あぁ、この学級での私の授業は芳しいものにはなっていないんだな〟

子どもが自分のために行っているはずの学習を受け身にしてしまっていると考えるからです。

次に紹介するのは、4年生を受けもっていたときの総合的な学習の時間のできごとで

す。

ある子どもが休み時間に私のもとにやってきて次のように言い出しました。

「先生、今日は、前回出てきた疑問を明らかにしたいから早く授業をはじめたいです。もう調べに行ってもいいですか」

このときは、〝この子は課題解決の道筋をつけるために自分なりの見通しをもち、学びに向かおうとしているんだな〟と思い、手応えを感じながらも、ほかの子どもの様子はどうだろうと気を配りました。

どの教科等においても、課題（問題）解決的に自ら学習を進めていけるようにすることが大切だと考えていますが、殊に総合的な学習の時間においては、課題解決のプロセスを自己決定して探究していけるようになってはじめて学習が成立します。

そのためには課題を解決していく道筋を子ども自らがデザインできることが大切で、そのために必要となるのが見通しです。自分たちの見いだした課題は追究可能なものとなっているか、活動時間は全部で何時間あるのか、どんな視点で追究していけば解決に向かっていけるのかを、活動を通して試行錯誤しながら確信に変えていくのです。

そこで私は単元のはじめに何時間で課題解決に迫るのかを伝え、どの時間においても「いま、何時目なのか」を明示します。子どもが学習の見通しをもてる一助とするためで

資料12　「暮らしのなかにある雪」に対する子どものウェビングマップ①

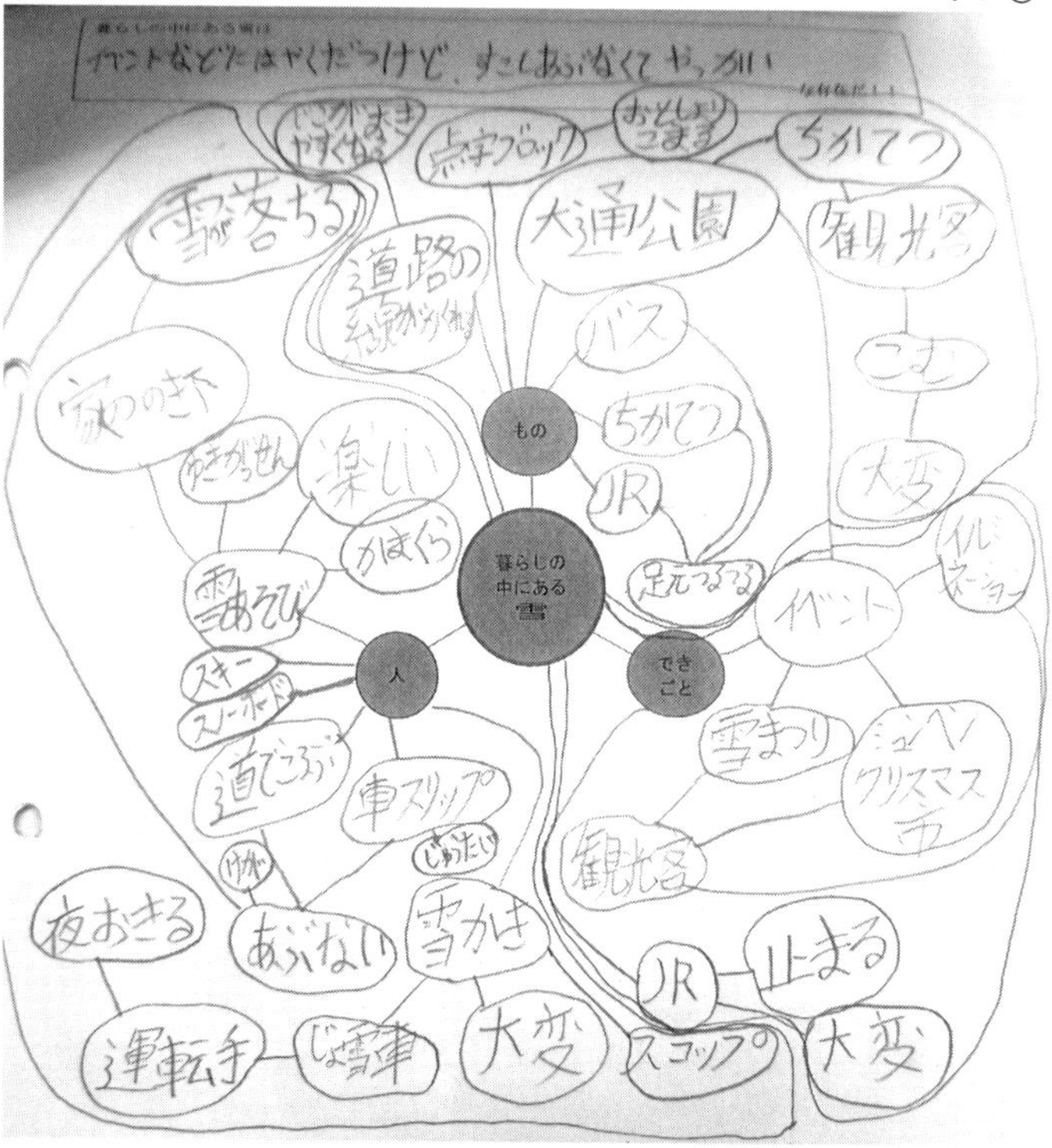

す。

4年生「わが街札幌冬編―雪と暮らすわたしたち」と題する単元では、札幌の冬に欠かせない「雪」をテーマに、子ども一人一人が雪と上手に暮らしていくためのカギを明らかにする課題解決学習としていました。

そこでまず「暮らしのなかにある雪」というワードを中心軸に置き、（プラス面・マイナス面双方にわたって）子どもたちのイメージを膨らませてい

資料13　「暮らしのなかにある雪」に対する子どものウェビングマップ②

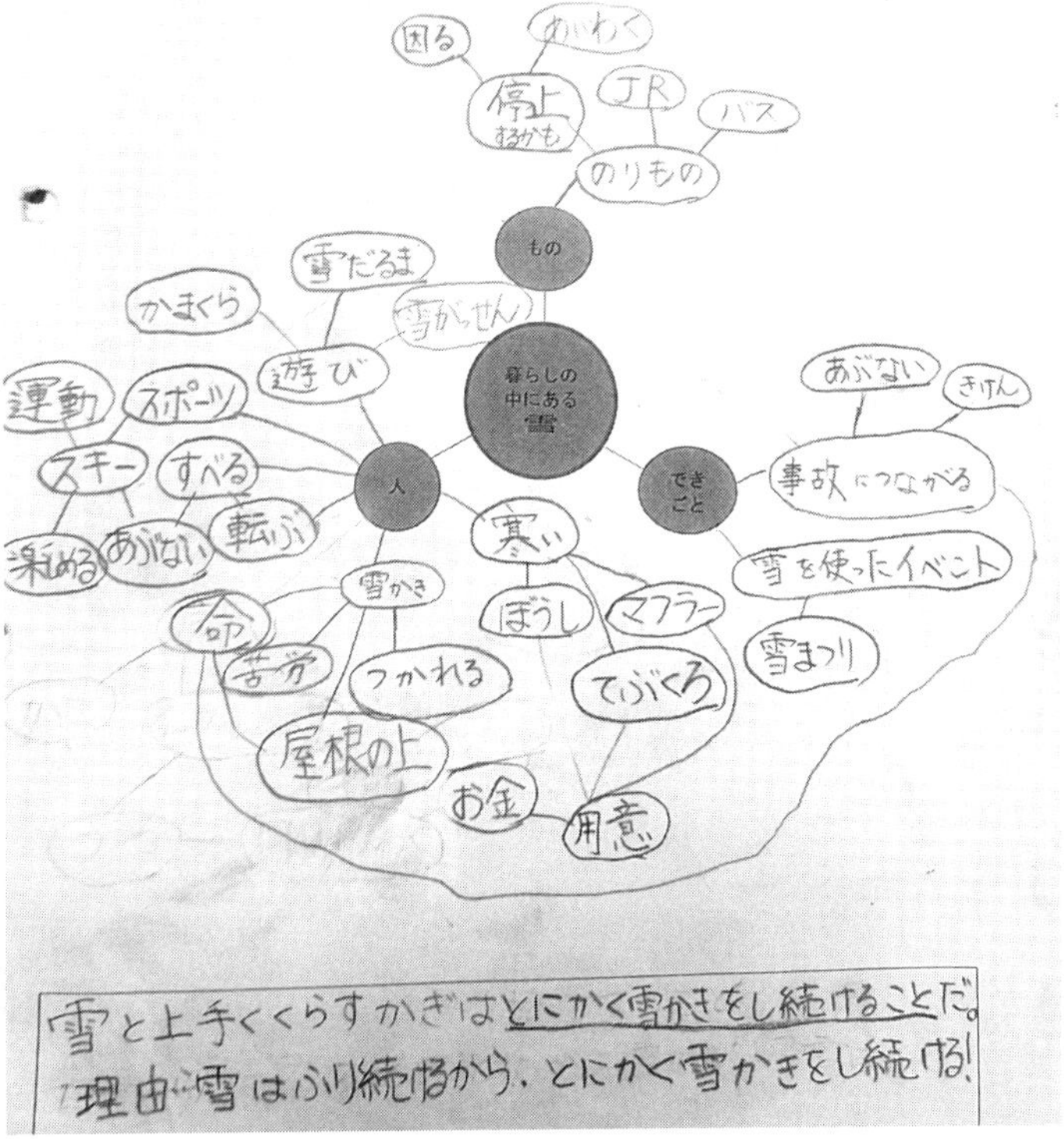
暮らしの中にある雪
もの
人
できごと
のりもの
JR
バス
停止するかも
困る
わくわく
雪だるま
かまくら
雪がっせん
遊び
運動
スポーツ
スキー
すべる
楽しめる
あぶない
転ぶ
寒い
雪かき
命
苦労
つかれる
ぼうし
マフラー
てぶくろ
屋根の上
お金
用意
事故につながる
あぶない
きけん
雪を使ったイベント
雪まつり
雪と上手くくらすかぎはとにかく雪かきをし続けることだ。
理由…雪はふり続けるから、とにかく雪かきをし続ける!

きました（資料12、13）。

その後、子どもたちが意見を出し合いながら、自分自身の探究課題を設定していきます。

●ツルツル路面をうまく歩くコツは？

●雪をうまく利用する方法は？

●冬は寒いから、防寒着の素材を調べて暖かさを比べてみる　など

次に、課題解決までの時間数は全部で20時間で

資料14　課題解決設計図

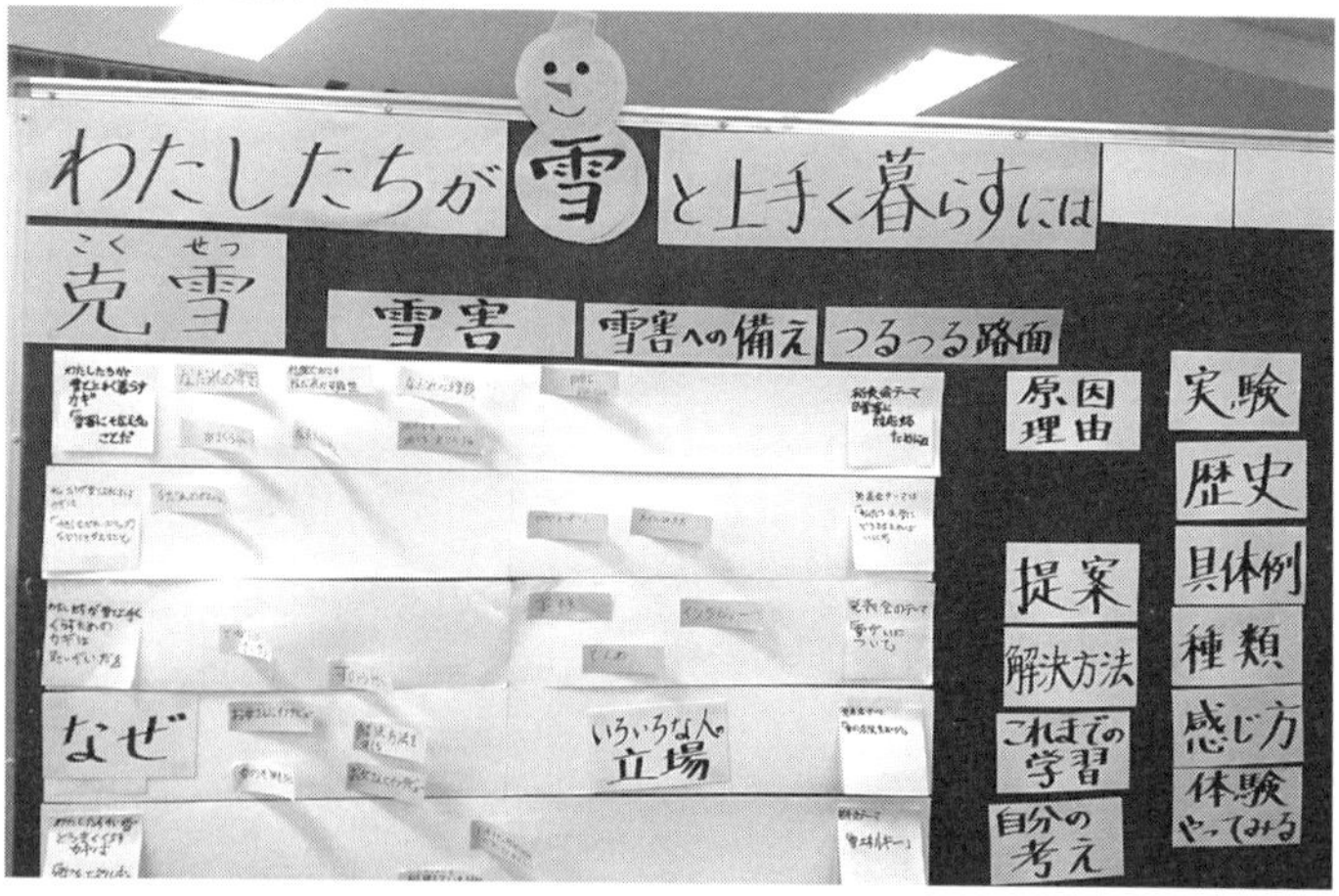

あることを子どもたち提示し、課題解決設計図を作成していきます。これも、自分たちはこれからどのような課題解決にチャレンジしていくのかの全容をつかみ、どのように学習を進めていけばよいかについて見通しをもてるようにすることが目的です（**資料14**）。

この課題解決設計図は、単元が終わるまで教室に掲示しておき、いつでも確認できるようにします。すると、同じテーマの子ども同士で情報を共有し合ったり、自分にはなかった視点に気づいて自分の課題に取り入れたりする様子が見られます。

探究を進めていくと、新たな疑問が生まれるなど紆余曲折します。そのたびに自分の掲げた課題で本当によいのかを吟味し、必要に応じて課題を更新します。実際、たくさんの子どもたちがそうしていました。

また、ふんだんに体験的な活動を取り入れることで、子どもたちは諸感覚をフル活用しながら探究の視点の精度を高めることができます。加えて、社会科の資料を用いたり、理科の学びを生かしたりしながら、探究学習を進めていきます（資料15）。

資料15－①　体験活動の様子

資料15－②　既習活用の様子

令和3年に公表された文科省の資料「今、求められる力を高める総合的な学習の時間の展開」の「まえがき」では、次のように語られています。

子供たちが様々な変化に積極的に向き合い、他者と協働して課題を解決していくことや、様々な情報を見極め知識の概念的な理解を実現し情報を再構成するなどして新たな価値につなげていくこと、複雑な状況変化の中で目的を再構築することができるようにすることが求められています。

この記述からもわかるように、自分の学習を俯瞰的・客観的にとらえ、探究のプロセスを自律的に調整できるようになることが本当に大切なのだろうと思います。

第2章

子どもの感性が磨かれる社会科授業をつくる

子どもと教材とのかかわり

教師から与えられた問いよりも、子ども自身から生まれた問いを解決していく学習のほうが、子どもたちはより主体的に学びに向かっていきます。

国の教育政策に目を向けても、「主体的・対話的で深い学び」をはじめとして、「子ども自らが問いをもち、主体的に進めていける学習をいかにつくるか」を重視しているとおりで、授業づくりに直接関与する私たち教師の（古くて新しい）命題であることは間違いないでしょう。

こうした「子ども自らが問いを見いだし課題解決していける学習」にしていくためには、子どもと教材との距離を縮め、子どもが「もっと知りたい」「なぜ、そうなっているのだろう」と思いながら教材とかかわろうとする教師の手立てが欠かせません。

とくに社会科は、多くの単元で「人物の営み」を通して学んだり、実社会の仕組みにふれながら学んだりする教科ですから、本物にふれられる体験活動をいかに授業に取り入れ、子どもと教材とのつながりをつくれるかが授業の成否を決めるのです。

ここではあえて、子どもと教材との距離を縮めにくい単元を取り上げてみましょう。

その典型例とも言える単元の一つに挙げられるのが、小学校第5学年の工業生産の単元（自動車工業の学習）です。自動車好きの子どもであればいざ知らず、まったく興味のもてない子どもにとっては、自分の生活とのつながりを見いだしにくいからです。

そこで私はある年、部品工場からお借りした本物のクラッチディスクを教室にもち込むことにしました。そして、このクラッチディスクが「燃えない紙の素材」でつくられた優れものであることを子どもたちに伝えると、自動車にまったく興味のなかった子どもも、次のように言い出しました。

「こんなのがクルマのなかに入っているの？」

「なんか、すごい。重たそう」

「燃えない紙ってどういうこと？」

「熱くなっても燃えないだなんてスゴイ！」

本物を目の当たりにしたときの子どもは、教材との距離を一気に縮めます。そのおかげで「性能や品質にこだわるものづくり」に対する追究意欲の高まりを強く感じることができました。

なかでも興味深かったのは、自動車生産に対して憧れを抱いた子どもの存在です。単元の終末には、「自分もこんなクルマをつくれる人になりたい」と口にするようになっていました（この子は後に、工学系の大学に進学します）。

ほんの一例にすぎませんが、子どもの生活とのつながりを見いだしにくい単元であっても工夫次第です。子どもが自ら感性をはたらかせられる瞬間をつくれれば、教材との距離を縮められるのです。

これも（第1章で述べた）「目に見えないものを想像してみることで見えるようにする」取組のひとつだと言えます。なにしろ、国語の物語文や理科の実験道具などとは異なり、社会科の教材の多くは、目に見えない社会的事象を扱うものだからです。6年生の歴史学習であれば、なおのことそうでしょう。歴史上の人物を教室に連れてくることはできませんから。

だからこそ社会科においては、子どもが感性をはたらかせられるように、教材や資料をどう提示するかが重要なのです。そうであってはじめて、子どもは「問い」を自分事にし、追究意欲をもって主体的に学習を進められるようになります。

切実感や必要感のある学び

とある参観懇談の席で、保護者からこんなことを言われたことがあります。

「先生、うちの子が最近、こまめにごみを分別するようになったのですが、ものすごいこだわりようなんです。ちゃんとやらないと、私も叱られてしまうことがあるくらいで…」

このやりとりがあったのは、4年生社会「健康なくらしとまちづくり」の単元が終わって間もないころのことで、私としては想定外のことでした。

本単元において子どもたちが学んだことはおよそ次のとおりです。

●札幌市の資源選別センターの人は、札幌市民が分別しないで出してしまったものを、作業員の方が一つ一つ手作業で取り除いていること。

●札幌市のごみ処理には莫大な費用がかかっていて、埋立地にも限界があること。

このことからもわかるとおり、授業で「みなさんも、お家でごみの分別をしっかりしましょうね！」などとはたらきかけたわけではありません。それなのに、この子が家庭でゴミの分別に意欲を燃やすようになったのは、資源選別センターではたらく人たちの工夫や努力を知って心を動かされたからだと思います。おそらく、〝自分も札幌市民の一人としてごみの分別をしっかりしなければいけないんだ〟などと考えたのでしょう。

社会科が目指しているのは、さまざまな社会的事象の特色や意味理解を通して教科目標に掲げる資質・能力を育成することです。けっして、授業で学んだことを家庭で実践できるようにしたり、情意に訴えかけて感動を与えたりすることではありません。そのような意味で、右に挙げたエピソードは、あくまでも副次的です。

もし仮に、子どもの情意的な側面を重視し、授業のなかで「これから自分たちはごみをどのように捨てたらよいのだろう?」と投げかけさえすれば、(「ごみを出さないようにする」「ごみを分別して捨てる」などと発言してくれたとしても)前述した子どものような切実感や必要感をもつには至らなかったはずです。

そのような意味では、(逆説的な言い方かもしれませんが)本単元の学習が社会科らしかったからこそ、この子の情意に訴えかけたのだと考えられます。(どの教科等でも通底することかもしれませんが)殊に社会科は、感性がはたらくことによって追究意欲が高まります。そのように学んだ結果、切実感や必要感をもつに至ったのだとしたら、社会科という教科の枠を越えて、子ども自身が日常を変えていく可能性もおおいにあるのだと思います。

社会的事象との出合わせ方――問題意識を醸成し見通しをもたせる

新しい単元に入るときには、〝今日からどんな学習がはじまるんだろう?〟とわくわく感をもってほしいと思っています。それも一時的なものではなく、持続するわくわく感です。もし単元の終わりまでつづいたのだとしたら、子どもにとってその学習は総じて主体的だったとみなしてもいいと考えているくらいです。

そんな私がとくに重視しているのが、単元１時間目の学習問題づくりです。ここでは、「江戸幕府の政治と安定」（小学校第６学年）を例にします。

まず、指導書などに書かれている本単元の学習問題は、およそ「江戸幕府は、どのようにして力を強め、政治を安定させようとしたのか」といったあたりだと思います。学習指導要領や教科書に依拠するならば適切な表現だろうと思います。

その一方で、こう思うのです。子どもには届きにくい（イメージしにくい）表現だし、なにより学習を進めていく最中、そのつど確認するのはたいへんだ…と。

そこで、子どもたちとのやりとりを通して、こんな学習問題としてみました。

「なぜ、江戸幕府は２６５年もつづいたの？」

シンプルで、子どもにとってもわかりやすい表現だと思います。ただその一方で、「本当にそれでいいの？」と思われる方もいるかもしれません。しかし私は問題ないと考えています。というのは、子どもたちは前単元までに次に挙げる特色や意味理解にたどり着いていたからです。

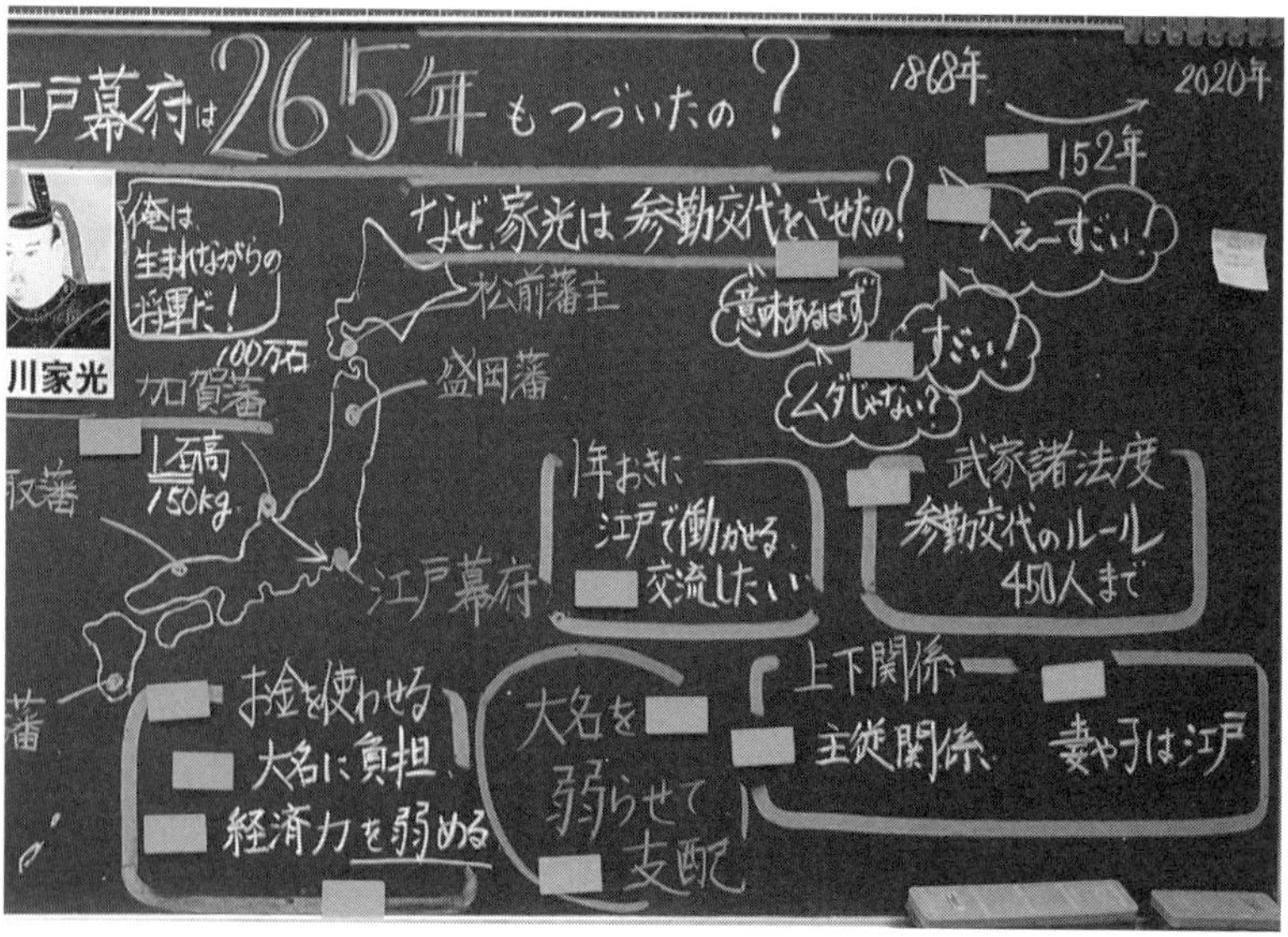

●戦国時代では、下克上の世のなかで天下統一をめざす動きが広がっていったこと。

●織田信長は天下統一を目前にしながらも、本能寺の変が起きてしまったこと。

●豊臣秀吉は天下統一を成し遂げたものの、8年程度しか政権を維持することができなかったこと、など。

ただし、次に挙げる2点には留意しています。

●265年にわたる江戸幕府の施政のすべてを系統的に学習するわけではなく、トピック的に扱う。

資料1　板書（学習問題づくり）

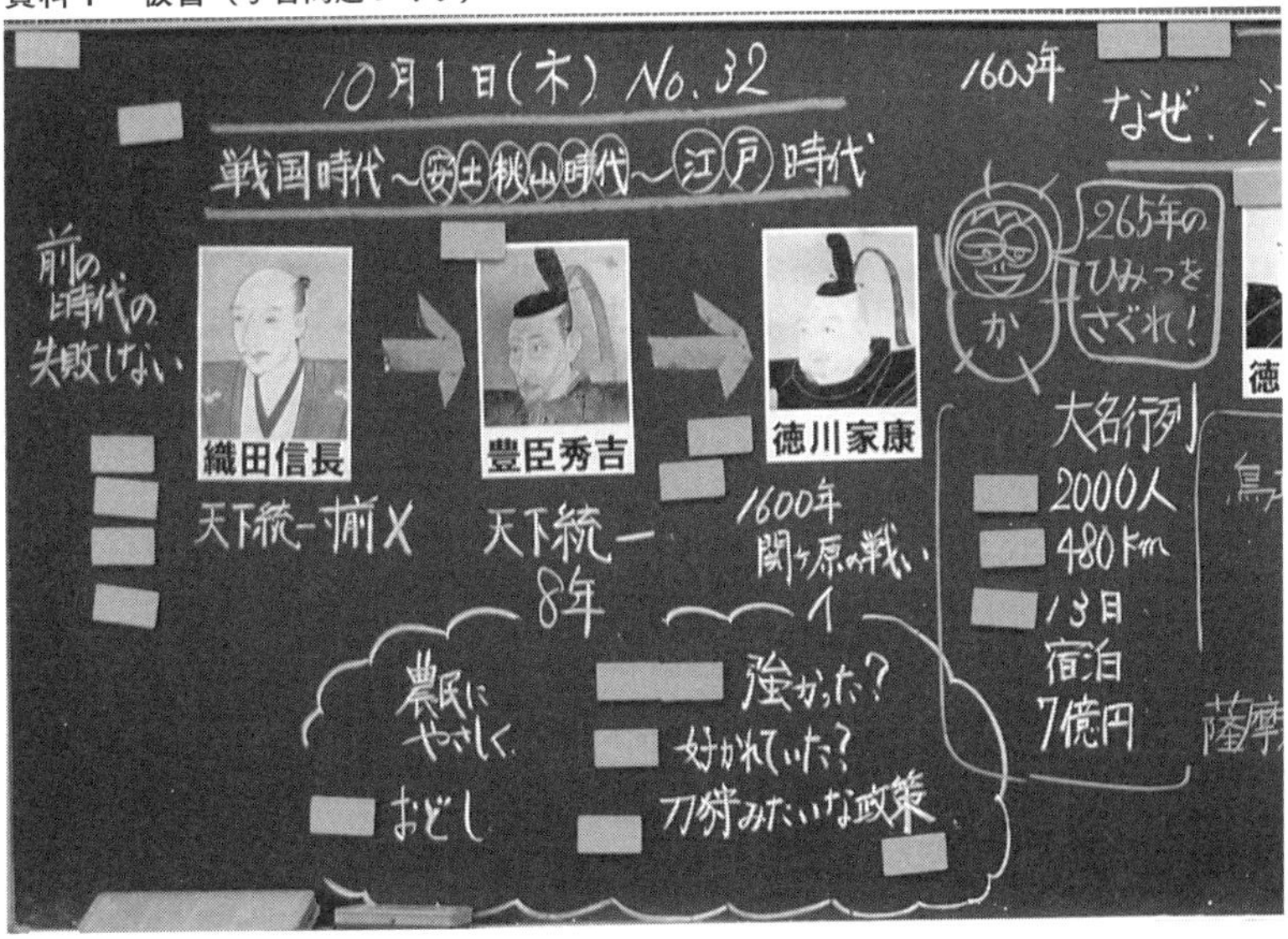

●中学校の歴史や高校の日本史の学習につながるように、小学校では江戸幕府の施政が長くつづいた仕組みにフォーカスする。

本単元ではまず、右に挙げた既習を思い返しながら話し合いました。すると、〝265年間というのはどれほどの歳月か〟に対する認識と、〝その間に再び戦乱の世にならずに社会秩序が保たれていた〟ことに対する「なぜ？」が生まれたのです。このことをもって、学習問題は「なぜ、江戸幕府は265年もつづいたの？」が適切だろうということになりました**（資料1）**。

言い換えれば、「江戸幕府は265年

もつづいた」ことが、子どもたちにとって単なる歴史的事実としてではなく、歴史的事象としてとらえられていたということです。

ほかにも、既習をもち出すのではなく、現代との比較を通して、「265年」という歳月に対する印象をもたせる方法もあります。

たとえば、平成時代は約30年間、昭和時代は60年あまりです。明治時代がはじまった1868年を起点として現在から遡っても156年間にすぎません。こうした比較を用いても、265年間がいかに長い歳月なのかを感じ取れるはずです。

このようにして、「なぜ、江戸幕府は265年もつづいたの?」に対する興味・関心が高まったことで数多くの予想が生まれ、次に挙げる「江戸幕府安定のひみつ」を解き明かす学習のスタートを切ることができたのです。

[江戸幕府安定のひみつ①] 大名たちに多額の費用を使わせる。そのための大名行列や参勤交代だ。

[江戸幕府安定のひみつ②] 他国との貿易や情報を統制する。そのための鎖国だ。

[江戸幕府安定のひみつ③] 幕府に背かないように工夫する。そのための大名配置だ。

[江戸幕府安定のひみつ④] 大名を統制する。そのための武家諸法度だ。

学習問題さえ子どもたちの「解き明かしたいひみつ」になってさえいれば、1時間ごとに学習した知識が相互に結びつき、歴史的事象の特色や意味理解に近づいていくことでしょう。

社会的事象と子どもの距離を近づける

1　具体物の威力

「社会科は、暗記さえすればなんとかなる教科だ」と記憶している方は少なくないと思います。これにはいくつかの（致し方ない）理由があると思います。その一つに挙げられるのが、予定調和の授業です。

調べ学習に取り組むものの、結局は問い（学習問題）も答えも教科書に載っているのだから、結局は暗記してテストに臨めばいいというもの。とくに、内容が専門化・高度化する高校の社会科がそうであったならば、記憶に残りやすいといったこともあるでしょう。

しかし本来、社会科ほど暗記ではなんともならない教科は、ほかにないくらいです。「社会生活を豊かに暮らしていくにはなにが必要か」「これからの日本が歩むべき道はどんな道か」など、自身の人生をつくったり、実社会を見通す目を鍛えたりすることが究極の目的だとも言えるからです。

だからこそ、社会科では「具体物」を通して学ぶことに価値があるのです。「言葉」は知識の教授に欠かせませんが、それだけでは心に残りません。そこに「具体物」が加わることではじめて実感を伴う知識（すなわち、知恵）になるのです。

バイオガス発電を教材化した「電気はどこから」（第4学年）を行ったときのことです。バイオガス発電は、未来の発電方法の一つとして期待されているエネルギーで、その源となるのが牛のふん尿です。私は開発地である北海道鹿追町へ赴き、町役場の方の案内でバイオガスプラントを取材しました。このときに分けてもらった牛のふんをガラス瓶に詰めて教室にもっていき、（理由を言わずに）子どもたちに提示しました。すると、教室中が大騒ぎ。

「えーっ！」

「汚い！　やだ！　くさい！」

「先生、なんでそんなの、もってきたの!?」

日本はエネルギー資源の輸入国です。自国の資源だけでは全国の電気量をまかなうことはできません。そう学習してきた子どもたちです。バイオガス発電という教材を通し

資料２　牛のふんを提示

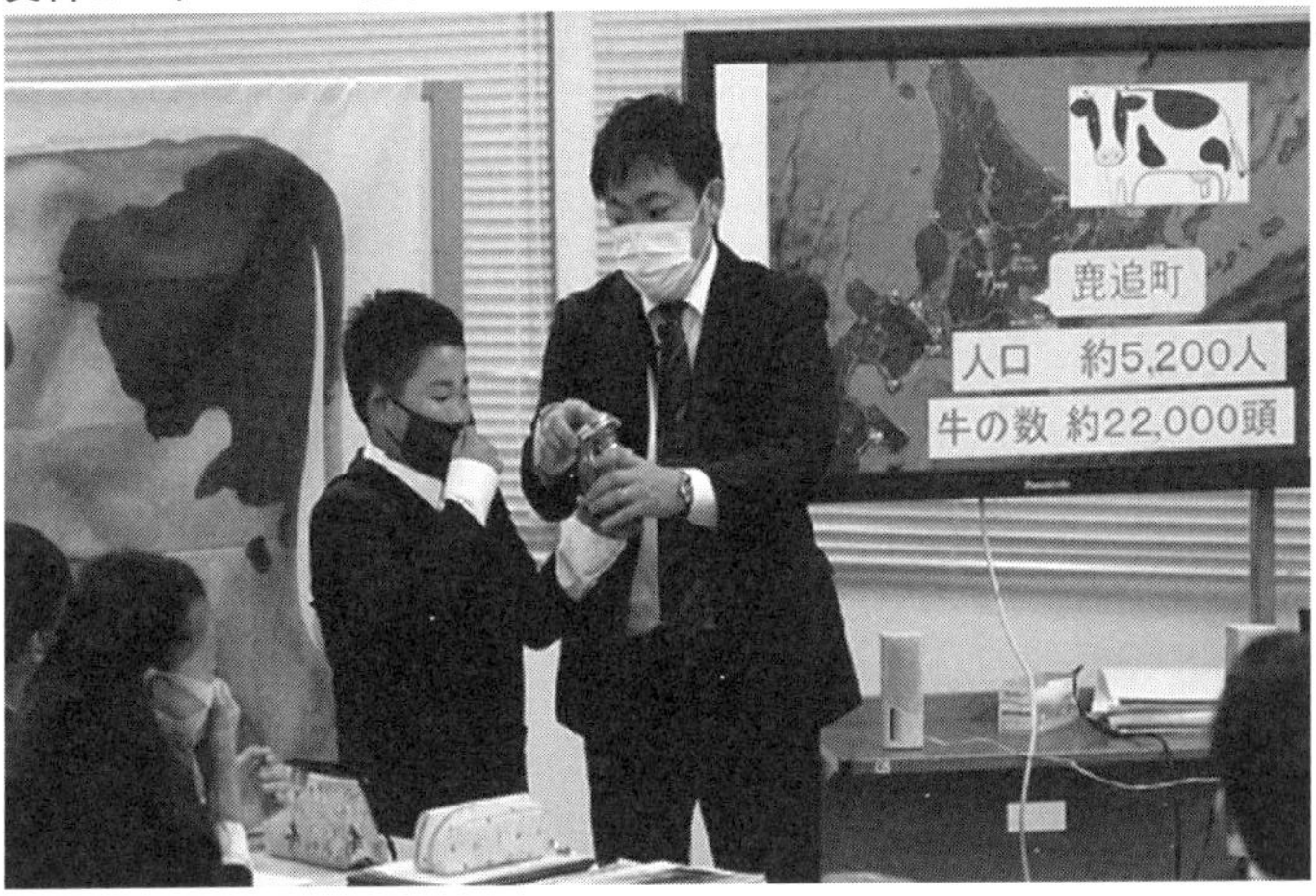
鹿追町
人口　約5,200人
牛の数 約22,000頭

て「それ（牛のふん）なのに、なぜ？」という問いになったとき、眉をひそめた表情が一転して好奇心に満ちあふれました（資料２）。

もちろん具体物がなくとも、学習を進めることはできます。バイオガス発電についてまとめた資料を提示するのだってよいわけですから。それでもおもしろい授業にすることはできると思うし、子どもたちも興味をもって学んでくれるでしょう。

しかし、牛のふんがあるのとそうでないのとでは、その後の追究意欲に雲泥の差が生まれます。なにしろ、牛のふんの見た目や匂いから受けた衝撃と、それが未来のエネルギー源になり得ることを知ったときの衝撃とがぶつかり合うからです。

ここにも「人々の営み」があります。

「鹿追町は人口よりも牛のほうが多い町。牛のふんは毎日大量に出て臭いし汚い。そんなふうに感じていたものが電気になる…ということは、究極の自然エネルギーなんじゃないか。そんな夢を本気で実現しようとしている人々がいる」

牛のふんは子どもたちにとって、マイナスのものをプラスのものに変える発想と、実用化に向けた人々の工夫や努力を象徴するような具体物だったのです。

ほかにも水産業の単元（小学校第5学年）では、北海道留萌市の漁師さんに取材し、漁に使う道具を借りてきたり、分けてもらった高級ナマコを提示したりしながら授業を行ったこともあります。

現地取材を通して得た具体物を提示する授業を行うのは、本当に多くの手間暇がかかるから、1年のうち何度もできるものではないでしょう。しかし、そうできたときの効果は絶大です。子どもの追究する学びが爆速します。

2　直接体験

次に紹介するのは「これからの食料生産とわたしたち―人工知能（ＡＩ）技術の活用と農業の未来」（小学校第5学年）の実践です。

本単元では、「わが国の食料生産の抱えている問題についての現状と未来について考

資料３　米づくり農家での体験活動

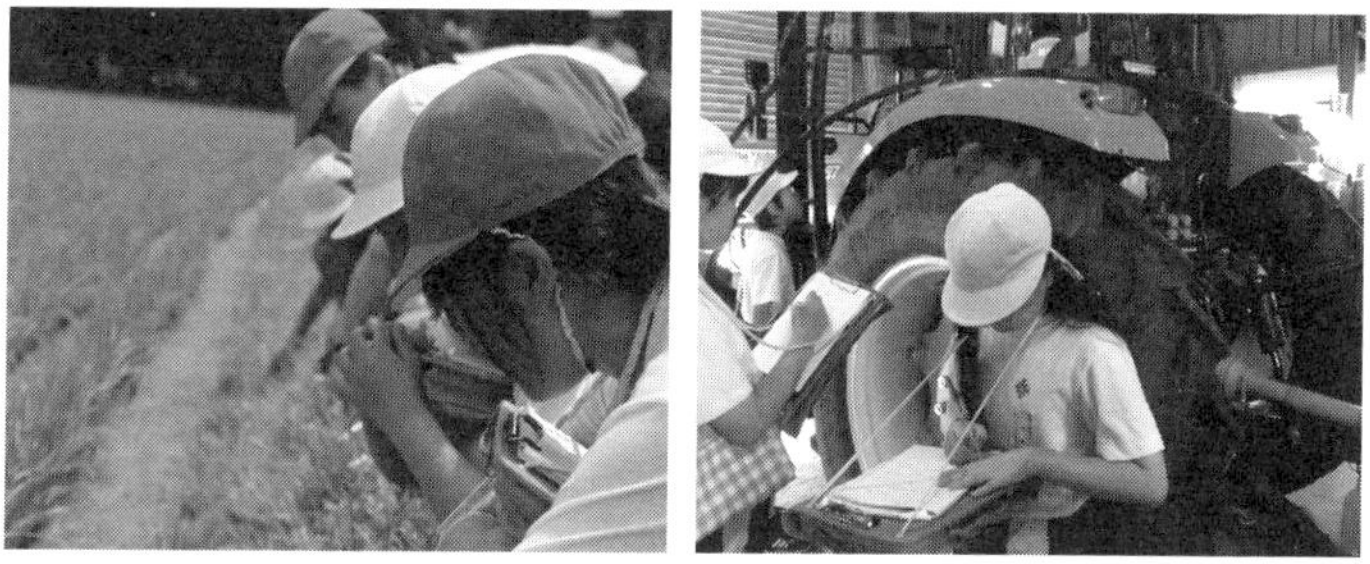

え、食料生産がわたしたち国民の食生活を支えていること」を理解していきます。

そこで、教科書や資料集、地図帳などを活用したり、他者から新しい視点を獲得したりしながら、知識と知識をつなげていきます。

しかし、これが実にむずかしい。子どもたちは容易に知識をつなげて考えようとはしないからです。

この問題を解消するのが直接体験です。知識と知識をつなげる接着剤のような役割を果たしてくれるのです。

そこで本単元では、米袋や食品トレイから自分の生活と食料生産のつながりを感じられるようにするとともに、米づくり農家や野菜づくり農家の人に聞き取りを行ったり、直接農作業に従事する体験活動を取り入れたりすることにしました。

(1)　米づくり農家の聞き取りと米づくりの模擬体験（資料３）

まず、学校の近くで50年間米づくりをしている米農家さんと、農業協同組合（ＪＡ）を訪ね、農家とＪＡの協力関係や、１年を通じた米づくりの作業内容について学ぶことにしました。すると、教師である私が四の五の説明せずとも、子どもたちはさまざまなことに気づきます。

まず、トラクターを目の当たりにしたときであれば、こんな声があがります。

「えっ、私の身長よりも大きいよ」

「こんなタイヤが大きいのによく運転できるな。かっこいい！」

今度は、水田をじっくり観察します。すると、稲の周りにはたくさんの虫たちがいることに気づきます。

「さっきから虫がたくさんいて、なんかいやだ」

「虫もお米が食べたいのかな」

「虫たちが稲を食べてしまったら農家の人が困るから、農薬をまくんだ」

最後は、精米機で精米し出荷しているところ。

「収穫したお米は、こうやって運ばれて精米するんだな」

「精米の量も、売るタイミングに合わせているから、おいしさを保てるんだ」

実際に自分たちの目で見て得られる気づきには、諸感覚を通した特別な情報が含まれます。また、個としての気づきだけではありません。個々の気づきがより合わさって、

資料4　野菜づくり農家での体験活動

教材との距離を縮めていきます。

その後は学校の畑の土に水を混ぜ、田んぼの代かきやバケツ稲づくりなどの活動を取り入れました。泥の感触を味わったり田植えを行ったりすることを通して、農業のおもしろさやたいへんさを体験したのでした。

このように直接体験は、子どもの気づきの質を高め、「人々の営み」をより実感的にとらえることに一役買ったと思います。

(2)　野菜づくり農家での収穫体験（資料4）

米づくり農家に加えて、かぶやとうもろこしなどの野菜を育てている野菜農家のもとにも訪れています。これは、社会科と総合的な学習の時間のクロスカリキュラムによるもので、自分たちでかぶを収穫し、採れたてのかぶをその場で食べてみる活動です。

みずみずしくて甘いかぶを食べることを通して、農家の人が愛情を込めて作物をつくっていることを体験的に学ぶ子どもたちは、次々とこんな気づきを口にしていました。

「うわぁ、めちゃくちゃ甘い」

「かぶなのに、梨みたいな味がする」

「なんか、汁がいっぱい出てくる」

「野菜じゃなくて、フルーツみたいだ」

「土づくりのこだわりが、このおいしい味につながっているんだ」

体験後の子どもの振り返りノートからも、「農家の人々の営みが自分たちの生活を支えている」ことを実感的にとらえている様子がうかがえます。

ロールプレイ（役割体験）

「地域の資源を生かすまち—お菓子のまち帯広」（第4学年）の実践では、六花亭（北海道を代表するお菓子屋さん）の営みを通して、帯広市が「おかしのまち帯広」と呼ばれるようになった意味を理解する学習を展開しました。そのために取り入れたのがロールプレイです。

第1時では、子どもたちに帯広に対するざっくりとしたイメージを尋ねています。

「帯広は豚丼があるけれど、おかしってあるの？」
「お母さんが、帯広は六花亭が有名だって言ってたよ」
「おかしの材料を帯広でつくっているからだと思うよ」
「なんで、『おかしのまち』と呼ばれてるんだろう」

こうした発言や疑問を踏まえて話し合い、「おかしのまち帯広のひみつをさぐろう」（学習問題）をつくり、地図帳を活用して帯広の地理的条件を調べていきました。

すると休日、札幌市内にある六花亭に立ち寄ってお菓子を買い、パッケージを学校にもってきてくれた子どもや、「柳月」や「クランベリー」といった帯広でつくられている他のお菓子屋さんの商品と比較したりする子どもが現れました。

お菓子のパッケージは教室に掲示し、いつでも見られるようにしておいたのですが、そこでは自分の食べたことのあるお菓子の原材料についておしゃべりする交流が生まれていました。

次に、十勝平野の自然条件、六花亭の創業者や亭主の小田さんの営みに着目し、「おかしのまち帯広」のひみつを少しずつ解き明かしていったのですが、一つ一つのひみつが関連づくことをねらい、このタイミングでロールプレイを取り入れたのです。

「六花亭はなぜ、東京の北海道物産展でも好評を博したにもかかわらず、北海道以外に出店しようとはしないのか」を考える1時間です。私が東京のデパートの人、子どもが六花亭の小田豊さんの役になりきって思いつく言葉をかけ合いました（資料5）。

子どもたちは当初「北海道で大人気なんだから、全国のいろいろな場所で販売したほうがいいのではないか」と考えていたことから、「北海道以外では出店しない」という小田豊さんの考えを知り、いったんは困惑します。

しかしその困惑は、次第にクラスメイトと学び合える「問い」（「なぜ、小田豊さんは北海道だけでお店を出すの?」）に変わっていきます。とすると、「あっ、わかった」「そうか、前の学習では…」などと言い出す子が現れました。これまでに学習したことを関連づけようとする発言です。

「道外にお店をつくったら、北海道らしさがなくなってしまう」
「十勝平野の食材を帯広の人でつくるから北海道を代表するお菓子なんだ」
「六花亭の社名は北海道の雪の結晶から名づけていたよね」
「小田さんは、１３４６名の従業員の名前を覚えていると言っていた」
「先代の小田豊四郎さんの思いも受け継いでいるんだ」
「北海道の材料を使って、北海道でつくって、北海道に住んでいる人に売ることを大事にしているんじゃないかな」

資料5　ロールプレイの様子（地域の資源を生かすまち）

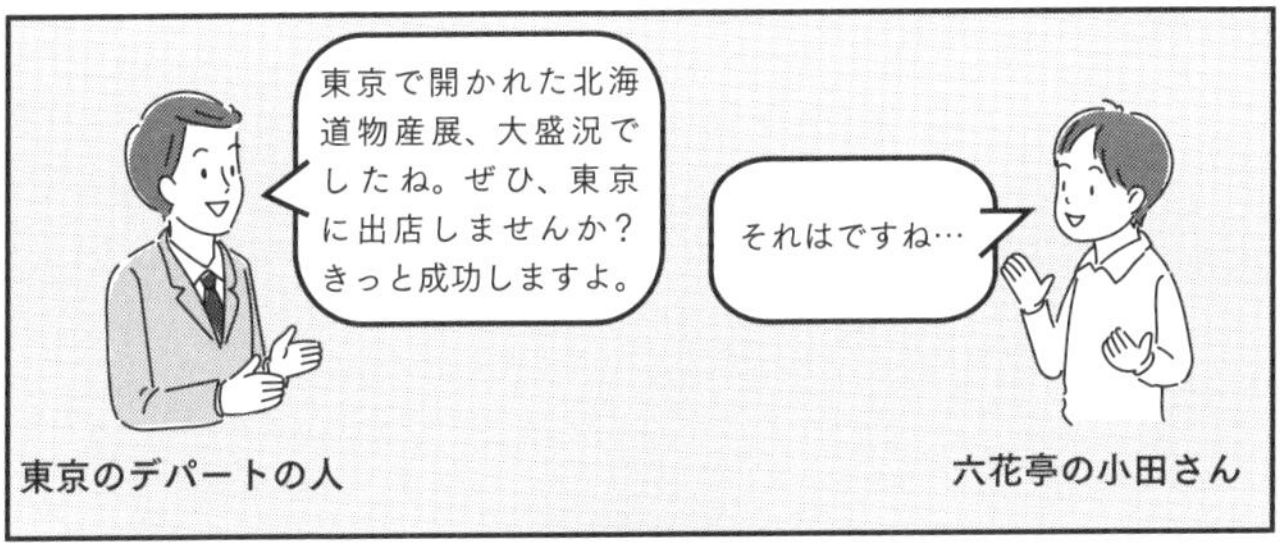

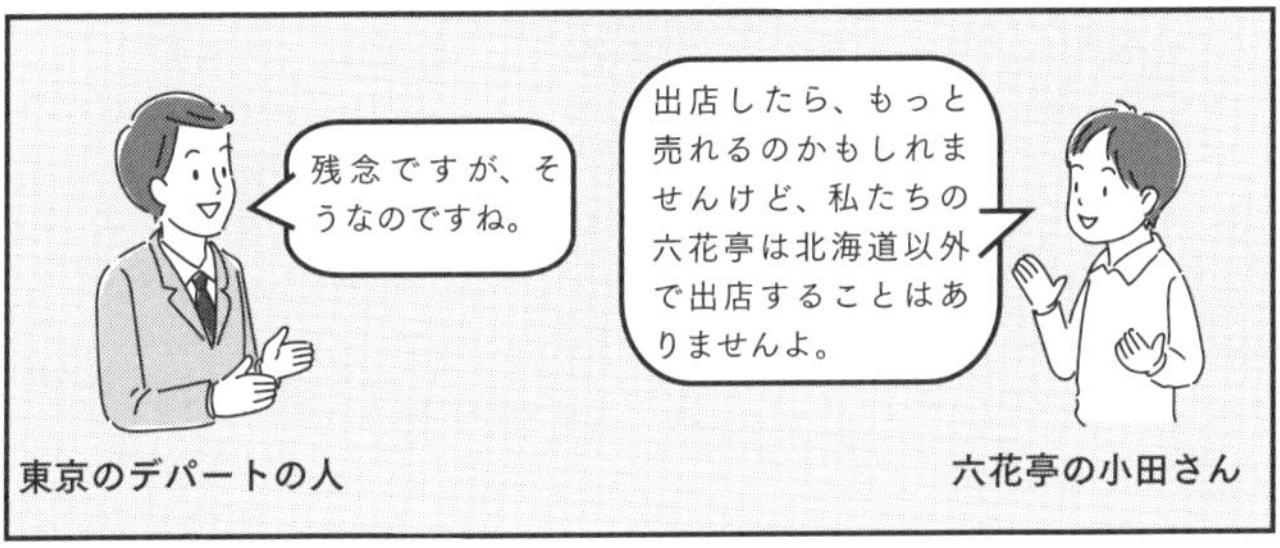

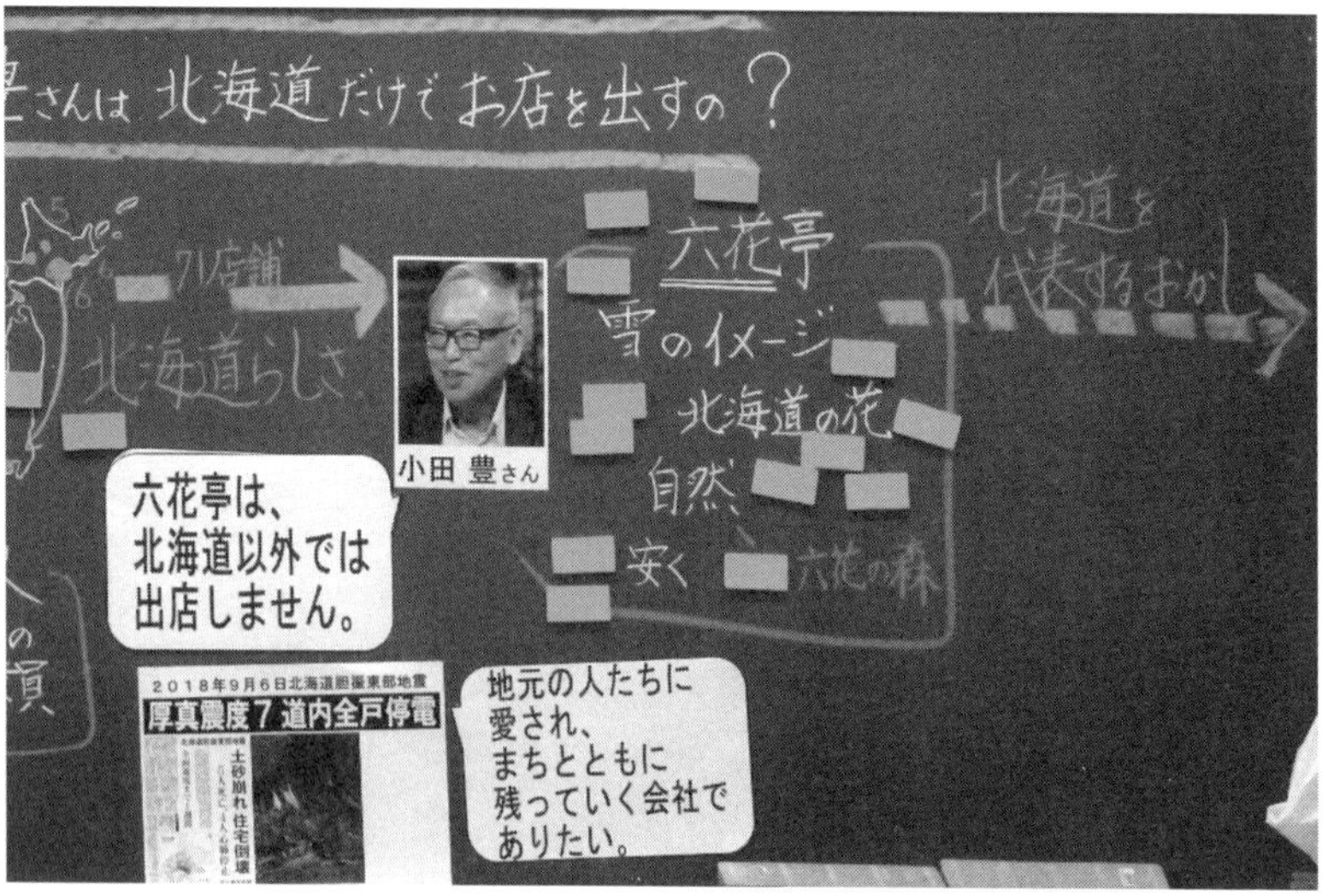

「だから帯広市は『おかしのまち』って呼ばれるようになったんだ」

　このように、「なぜ、小田豊さんは北海道だけでお店を出すの？」という問いについて考えることを通して、自分たちが学習したさまざまな知識がつながったのだと思います。

　資料6の板書は、左側をスタートポイントとして、子どもたちが豊かに思考するための材料を配置しながら、「北海道を代表するおかし」に至る道筋（ロジック）をつくることを意図したものです。

　加えて、子ども一人一人がもっている考えを板書しながら「自分にはなかった視点はあるかな」と問いかけることで、（クラスメイトの考えを参考にしながら）新た資料6　板書(「なぜ、小田豊さんは北海道だけでお店を出すの?」)

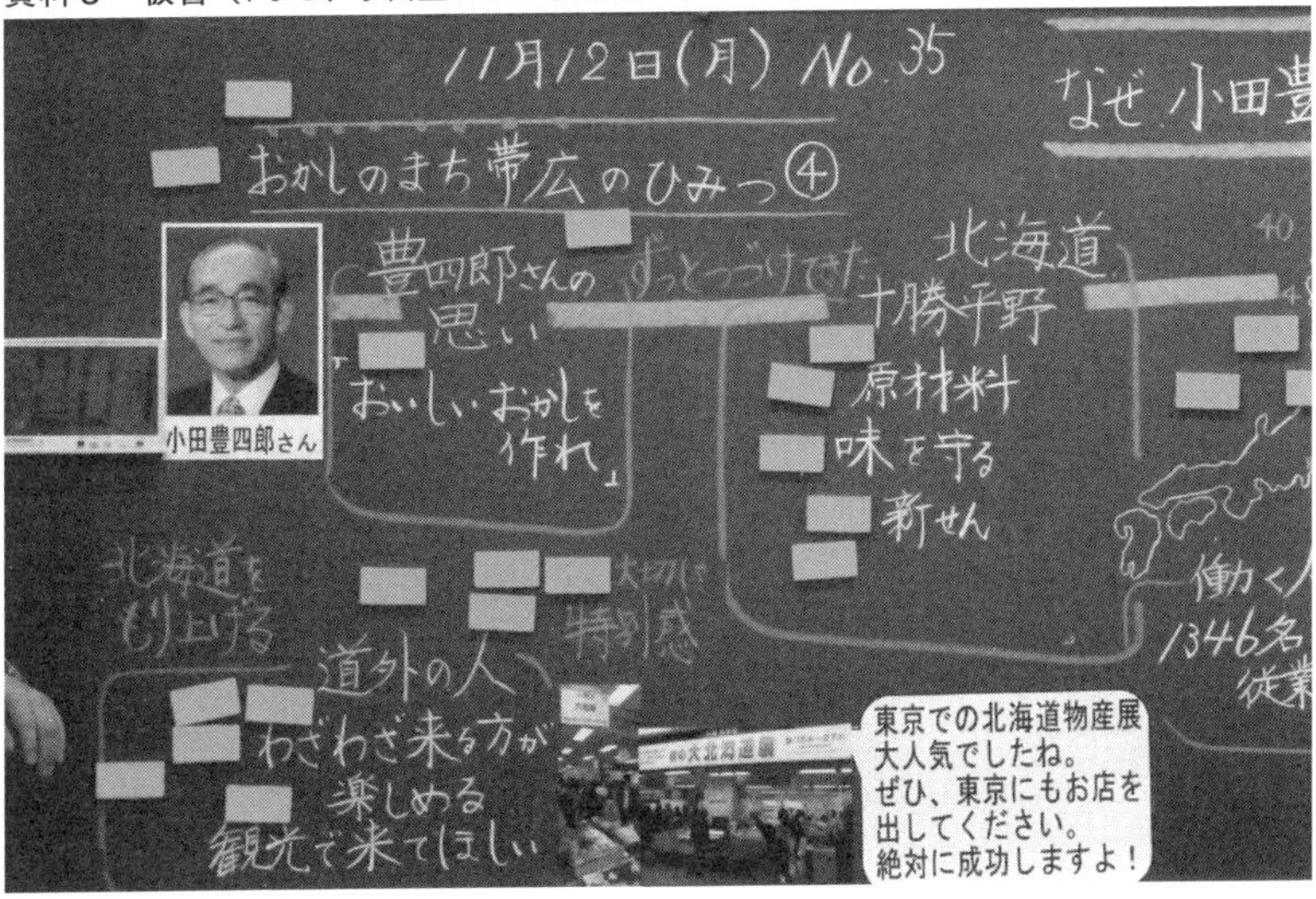

な視点を獲得できるようにすることをねらっていました。

次に紹介するのも、ロールプレイを取り入れた実践で、単元は「武士の世の中」(小学校第6学年)です。

本単元におけるロールプレイを行うに当たっては、「天皇」「武士」「農民」などのかぶりものを用意しておきました。

子どもたちからはこんな声があがります。

「先生、ぼくは天皇のお面をかぶりたい」
「じゃあ、わたしは武士のお面がいい」
(なかには恥ずかしがる子どももいますが、6年生であってもかぶりものが好きなんです)

私は子どもたちにお面を渡し、「よしっ、じゃあ天皇と武士で対談してみよう」と

資料7　ロールプレイの様子（武士の世の中）

促してロールプレイのスタートです。

子どもたちはお互い即興で言葉を交わしながら演技をはじめます（**資料7**）。

「国のために、しっかり働いて、農作物ももってきてくださいよ」

「わたしたちは、農民もやりながら、武芸にも励まなくちゃいけなくって毎日たいへんなんです」

「いやいや、それがきみたちの仕事なんだ。しっかりやってくれ」

「もうやっていられない。おれたちは、戦う訓練だってしているんだ。もうこれ以上、がまんできない。武士の世の中をつくってしまおう！」

およそこんな感じです。参観している子どもたちは爆笑したり、真剣なまなざしを向けたりしながら演技を見入っています。

子どもたちは、子どもたちにしか通じない信号を送り合っていて、教師が説明するよりも、子ども自身によるロールプレイのほうが、内容がすっと頭のなかにはいってくるようです。

係活動でもそうですよね。たとえば、帰りの会でお笑い係が登場。大人目線だと、なにがおもしろいのかさっぱりわからない漫才なのだけど、観覧している子どもたちは爆笑の渦。それと似ているのかもしれません。

「問い」を活性化する「たて」「よこ」比較法

一口に「問い」といっても、さまざまな学習効果があります。

- 「本当のところを知りたい」「調べてみたい」「だれかに聞いてみたい」といった追究意欲をもつ。
- 予想したり、新たな着想を得たりする。
- 自分の考えを広げたり深めたりする。
- 自分の思い込みに気づく、など。

数えあげたらキリがありませんが、いくら学習効果があるといっても、「これがみなさんの『問い』ですよ」と教師が示せば効果を得られるわけではありません。

ここに、「問い」を活性化する（子どもの心に火をつける）教師の手だてが必要となるゆえ

資料8　たて比較とよこ比較

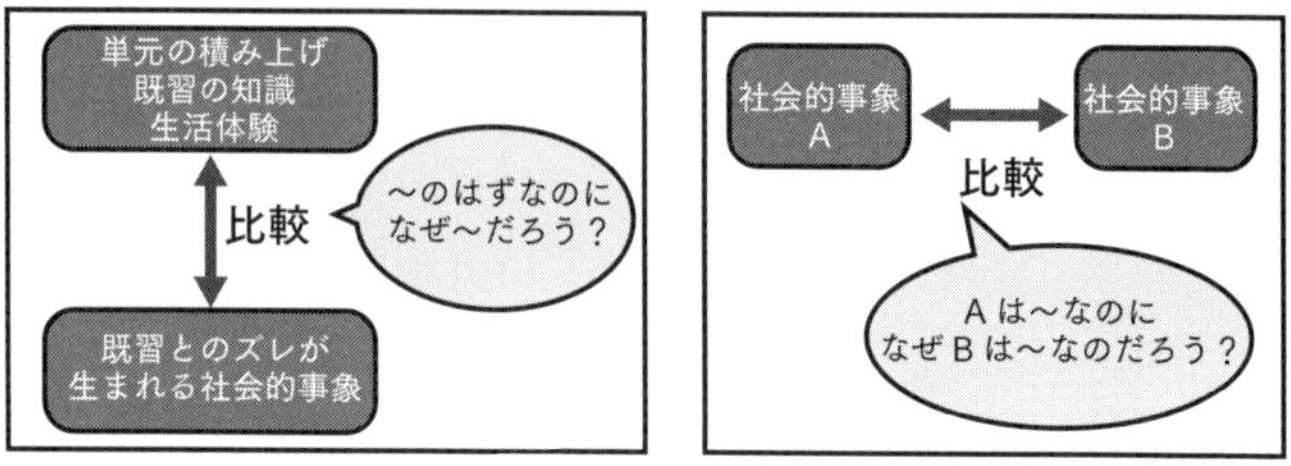

比較の種類①「たて比較」

既習や生活体験などのいままでの知識と、ズレが生じる新たな社会的事象とを比較させる手立て

比較の種類②「よこ比較」

複数の社会的事象を提示し、同じ条件を比較させる手立て

んがあります。そうした手だてを講じるために採用しているのが、「たて比較」と「よこ比較」なのです（**資料8**）。

「たて比較」（比較①）は、既習とのズレや子どもの素朴概念とのズレによって、「～のはずなのに、なぜ～だろう？」という問いを生む手立てです。

それに対して「よこ比較」（比較②）は、同じ条件の社会的事象を比較する手立てです。実践によっては、この2つの比較を混ぜる場合もあり、「たてよこ混合比較」（比較①と②の派生形）と呼んでいます。

実践例を挙げると、**資料9**のとおりです。

まずは、「わたしたちの市の様子」（小学校第3学年）の実践を例に、「よこ比較」の具体を見ていきましょう。

資料9　「比較」から「問い」を生む実践例（小学校第３学年）

学年	比較するもの	本時の子どもの問題意識(問い)
よこ比較	一軒家とマンションの場所	なぜ、山側には一軒家が多く、平地にはマンションが多いのだろう?
よこ比較	コンビニとスーパーの年間売上高グラフ	(スーパーはほとんど変わらないのに)なぜ、コンビニエンスストアは売り上げをのばしているのだろう?
たてよこ比較	まとめ売りトマトとばら売りトマトの価格と販売個数	(安くてたくさん売れるまとめ売りだけでなく)なぜ、店長さんはばら売りのトマトも売るのだろう?
よこ比較	地下鉄、JR、市電、バスの駅・停留所の数	(他の駅は20～40くらいなのに)なぜ、札幌市にはバス亭が2000カ所もあるのだろう?
たて比較	新鮮野菜と見切り品の販売方法	(新鮮なものを売りたいはずなのに)なぜ、店長は一枚葉っぱをとってまで見切り品を売るのだろう?
よこ比較	市電の乗客者数減少のグラフと市長のループ化の判断	(乗客者数がへっているのに)なぜ、秋元市長は市電をループ化して伸ばしたのだろう?

資料10　札幌市にある公共交通機関

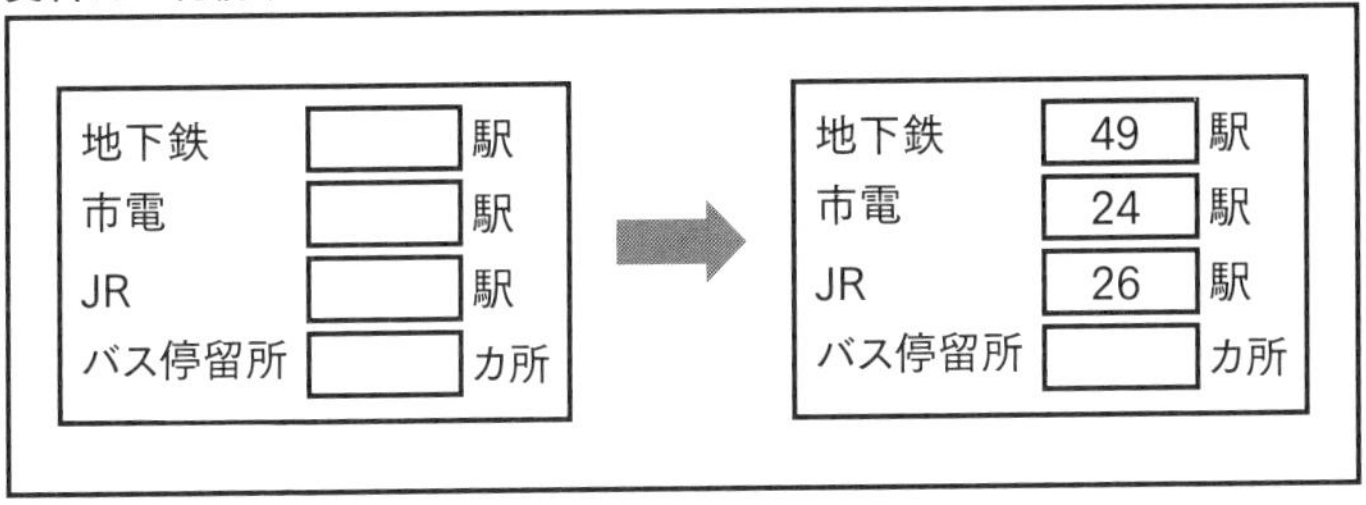

地下鉄 駅
市電 駅
JR 駅
バス停留所 カ所
地下鉄 49 駅
市電 24 駅
JR 26 駅
バス停留所 カ所

1　「よこ比較」の実践例

札幌市の公共交通は、地下鉄、路面電車、ＪＲ、バスがあります。そこで、本単元の第5時に各公共交通の駅・停留所の数を比較する**資料10**（左側）を提示します（マスキングしたすべての枠を同じ大きさにしておくのがポイント）。

子どもたちは、自分の知っている駅を思い出しながら、上から順に地下鉄や路面電車、ＪＲの駅の数を予想していきます（正解を聞くたびに盛り上がります）。

最後の発表はバスの停留所

資料11　子どもたちの驚きの表情

資料12

の数です。結果を耳にした瞬間、子どもたちからは「えーっ?」「多すぎだよ!」と割れんばかりの声があがります（資料11）。

それもそのはず。その数はなんと2000か所、他と比べると桁が二つも違うからです。これでつかみはOK。「なんでそんなにあるの?」という声を拾い上げて問い（「なぜ、札幌市にはバス停が2000もあるの?」）が生まれます。

このあとは、バス停の場所に2000枚の赤いシールを貼った札幌市の拡大地図を提示します（資料12）。ここでも、子どもたちから驚きの声があがります。

これはあくまでも一例ですが、このようにして子どもの「なぜ?」や「どうして?」を引き出して問いにしていくのです。

2　「たて比較」の実践例

本単元は、北海道留萌市の漁師さんの営みを学ぶ実践です。子どもたちは、季節によって獲れる魚が異なること、魚の種類に合わせて漁具を工夫して漁を営んでいることを調べ学習していきます。ナマコを獲る道具なども手づくりのこだわりようです（漁師に取材した際に網を借りてきて子どもたちに提示）。

加えて、留萌で獲れるナマコは日本のみならず外国でも大人気で、獲れば獲るほど儲かることを知ります。子どもたちからは、「これだけ獲れる道具ってすごいね」「儲かって最高！」といった声があがります。

ここで私は漁師さんになりきり、網に入れておいた大小さまざまな模型のナマコのなかから小さなナマコを取り出しては「これは戻さないといかんな」などと言いながら海に戻す演技をします。その様子を見た子どもたちから次のような声があがります。

「えっ、せっかく獲ったのに、海に戻しちゃうの？」

「儲けられなくなっちゃうじゃん」

しばらくすると、こんなことをつぶやく子どもが現れます（我が意を得たり！）。

「あれっ、先生が網から取り出したのって、なんだかちょっと小さくない？」

すると、「そういえば…」「そこにひみつがあるのかも！」と言い出す子どもも現れて、一斉に活気づきます。

私のほうはそうした子どもたちの意見を拾いながら板書します。学習問題「（なぜ、獲れ

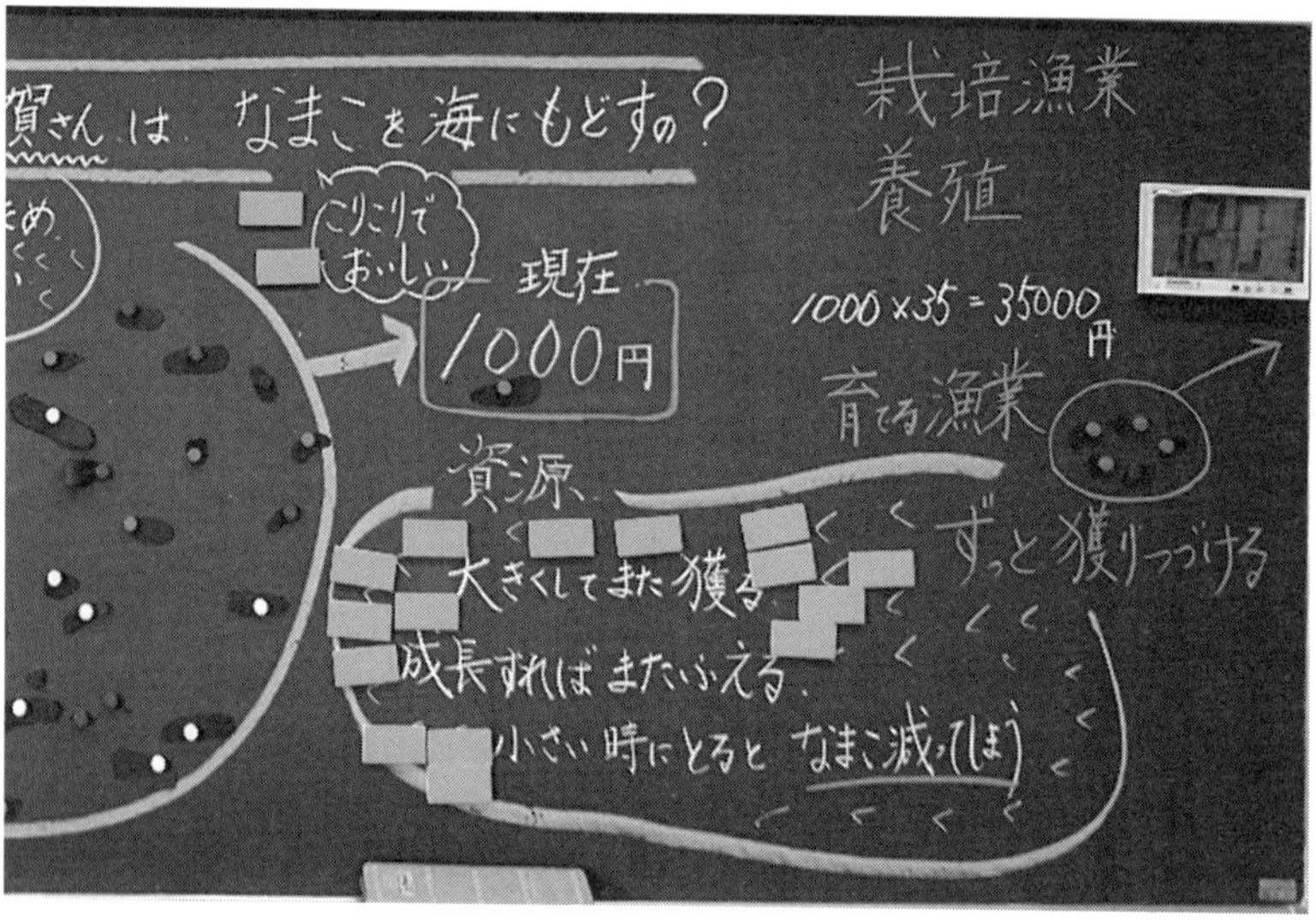

ばとるほど儲かるはずなのに）留萌の漁師さんは、ナマコを海に戻すの？」が固まります**（資料13）**。

　このように、「なまこは需要が多く、高値で売れる」「獲れば獲るほど儲かる」はずなのに「なぜ？」といった認識とのズレを生むのが「たて比較」です。

　実際の授業でも、漁獲量を上げる工夫を学ぶだけでなく、持続可能な水産業に対する理解を深める実践にしていくことができました。

3　「たてよこ混合比較」の実践例

「たてよこ比較」は、既習や生活体験とのズレを生みつつ（たて比較）、複数の資料を比較（よこ比較）して問いを生む方法です。

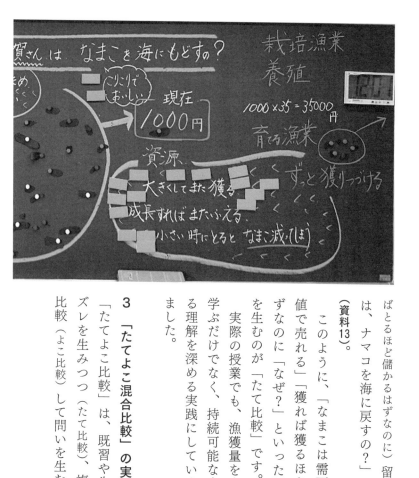

資料13　「たて比較」の板書例

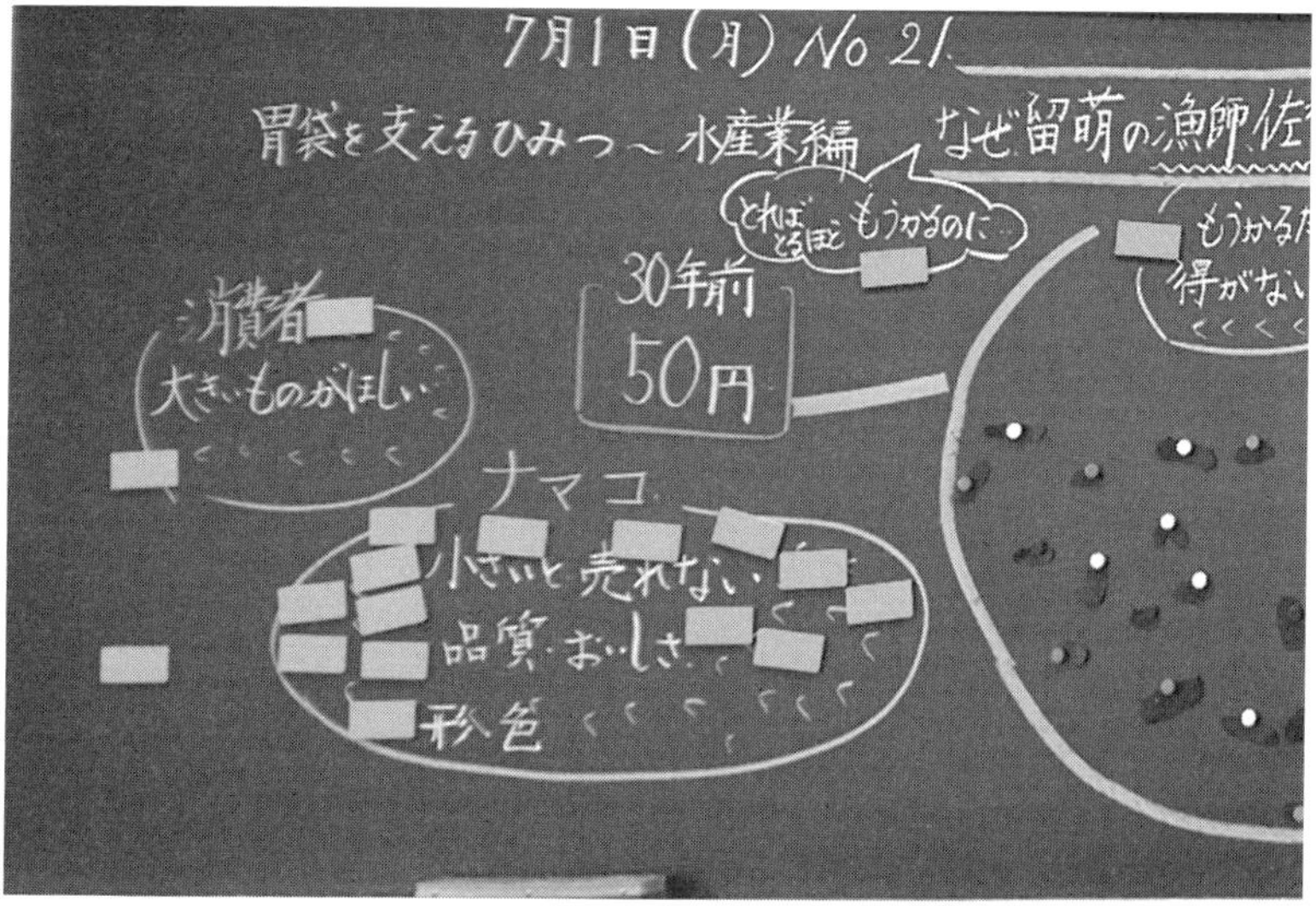

ここでは、「健康なくらしとまちづくり」（小学校第4学年）の単元を例にしましょう。

まず、札幌市の人口の移り変わりを示す資料を提示して、気づいたことを発言するよう促します。

●グラフの期間は1970年から2020年まで50年間とする。

●人口の経年変化がわかりやすいよう5年刻みの棒グラフにする。

※できるだけICTを活用する。

子どもたちからは次のような声があがります。

「少しずつ人口が増えている」

「1970年は100万人くらいなのに、

2020年は200万人くらいまで増えている」

子どもの発言が一段落したところで、次の発問です。

「この50年もの間に、札幌市の人口は少しずつ増えつづけていることがわかりました。ところで、ごみの量ってどうなってると思う？」

すると、「人口が増えたんだから、ごみだって増えているよ」という発言が多数を占めます。

その状況を見計らって、今度はごみの量の経年変化がわかる資料を提示します（期間は、人口と同じ1970年から2020年）。

人口の棒グラフとは異なり、山なりの棒グラフです。首をひねる子どももいます。

「増えているけど、そのあとは減っているよね」

「1995年までは増えてるんだけど…」

「そうそう、そのあとは減ってる！」

「なんで？」

「なにがあったのかな」

子どもたちから困惑と驚きの声があがります。

その後の要領は、他の比較と同じです。学習問題「（人口は増えつづけているのに）なぜ、

資料14　「たてよこ混合比較」構造

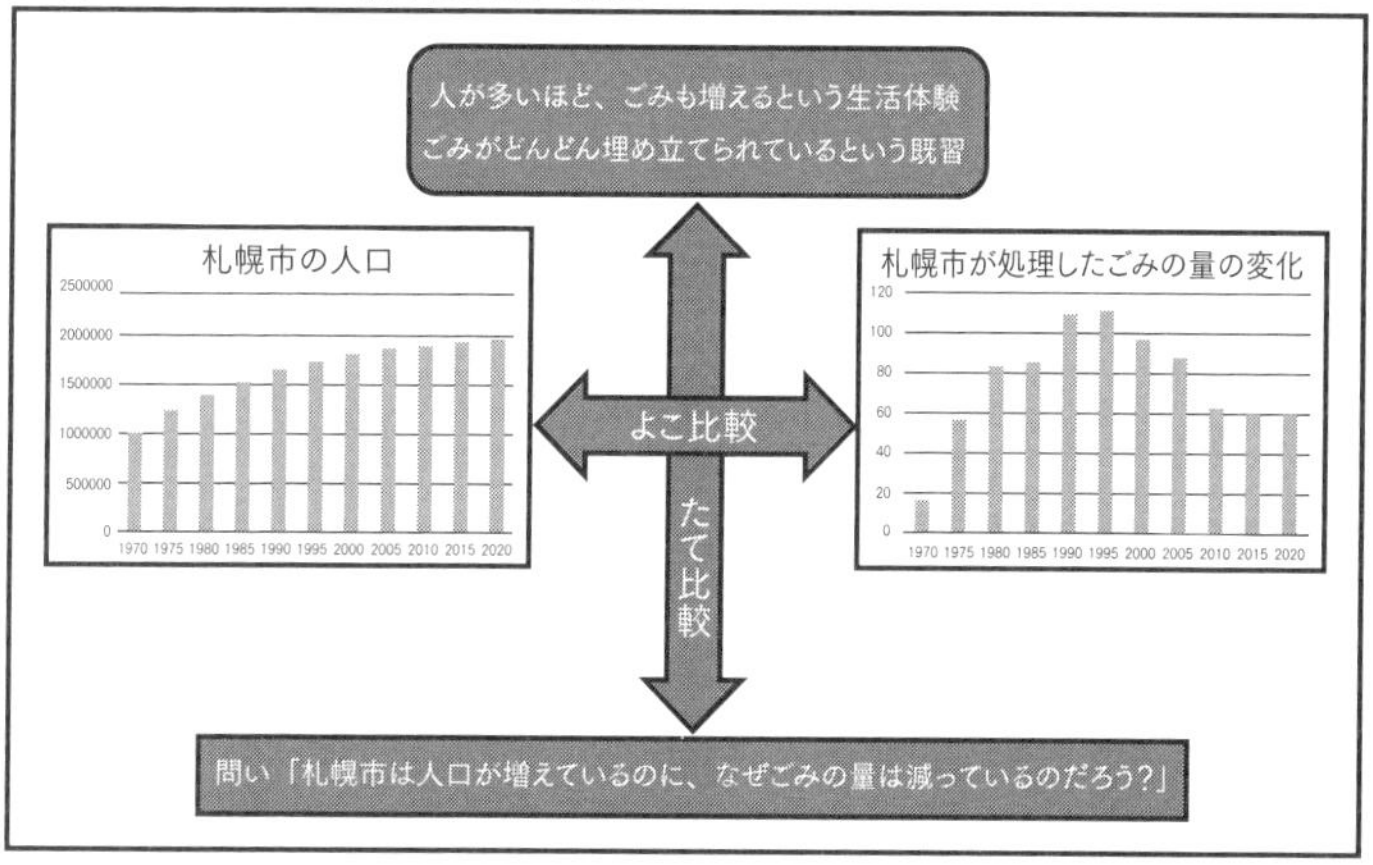
人が多いほど、ごみも増えるという生活体験
ごみがどんどん埋め立てられているという既習
札幌市の人口
札幌市が処理したごみの量の変化
よこ比較
たて比較
問い「札幌市は人口が増えているのに、なぜごみの量は減っているのだろう?」

札幌市のごみの量は減っているの？」が生まれます。

つまり、人口は増えているのに、ごみの量は（1995年以降）減っているという気づきを生む「よこ比較」と、その気づきをもとに「人が多いほど、ごみも増えるという生活体験」「ごみがどんどん埋め立てられるという既習」と照らし合わせることで疑問を生む「たて比較」を組み合わせ、ごみの分別の仕組みや市民の意識の変化へと目を向けさせる問いを生成しているのです（**資料14**）。

子どもの考えをつなげる板書

授業では、子どもの表情やしぐさから、次にどのような手を打つのか、即時的に選択・判断し、それを可視化して子どもに戻す力量が教師には求

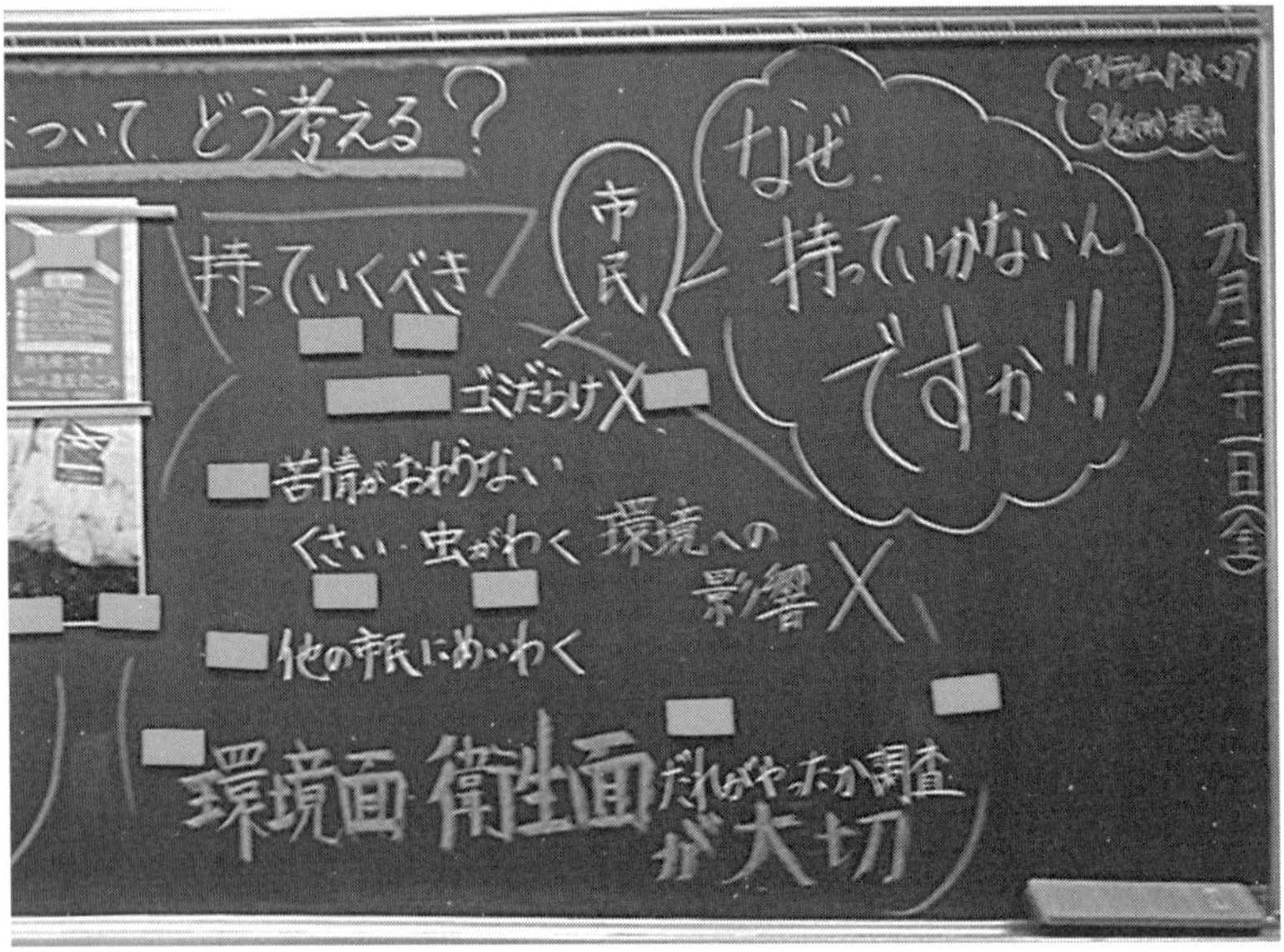

められます。その最たるものが板書です。

どのように子どものアクションを見取り構造化して「見える化」すればよいのか。そのために、黒板を使うのがよいか、ホワイトボードのほうがよいか、あるいは電子機器を使ってモニター上に表示させるのがよいか。こうした点についても工夫が必要ですが、いずれにも共通するのが、子どもの思考が整理されたり、活性化されたりするなど、子どものアウトプットをつなげ、適切にフィードバックする板書となっているかです。

ここでは、典型的な板書例を三つ紹介します。

資料15　立場や視点で分類する板書

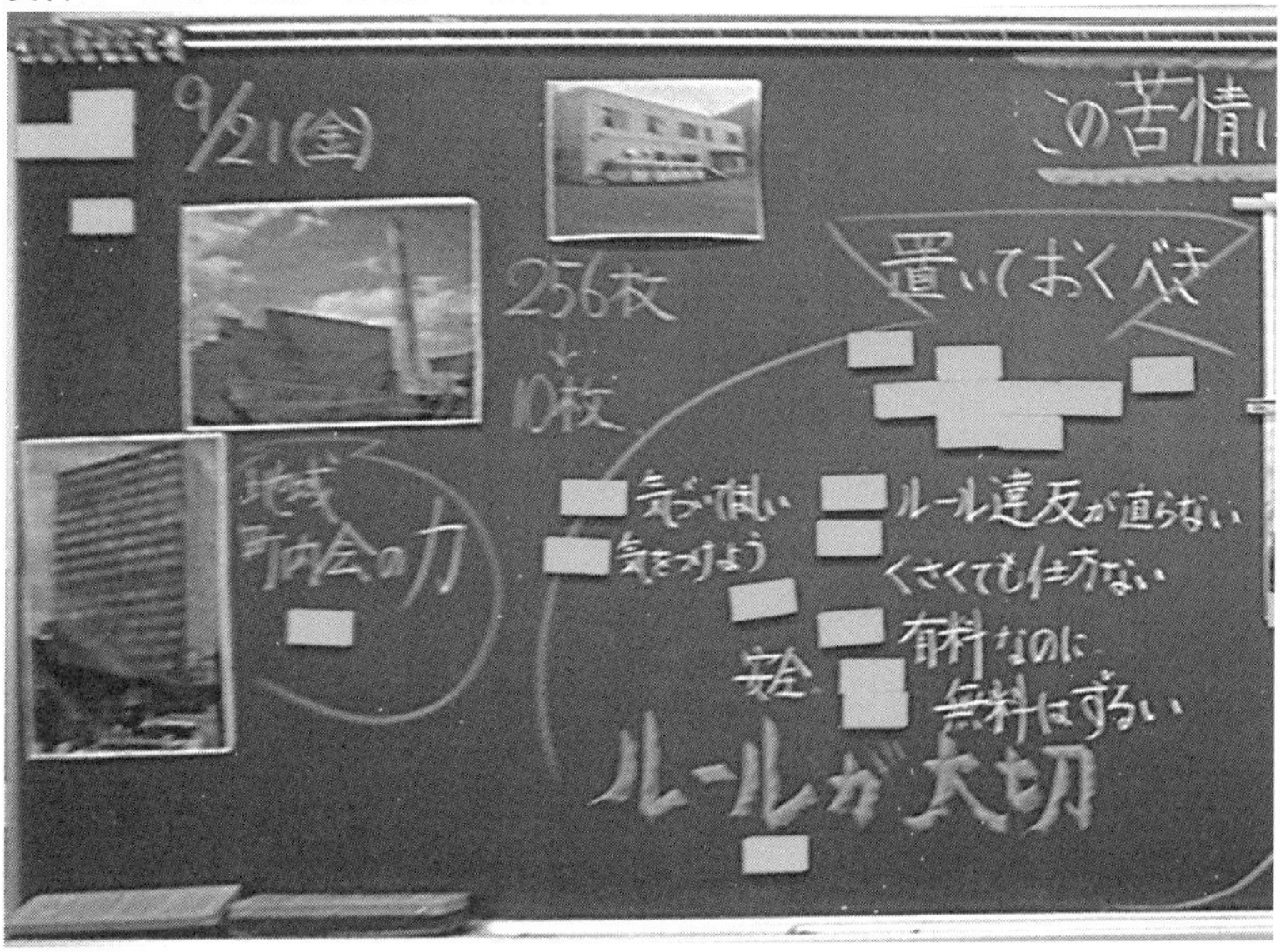

1　立場や視点で分類する板書

最初に紹介するのは、「立場や視点で分類する板書」です。ここでは、「健康なくらしとまちづくり」（第4学年の社会科）を例にします。

端的に言えば、生産者や消費者の立場に分けて分類したり、経済面や環境面などの視点で分類したりします。

前時までに子どもたちは、札幌市環境局を中心としたごみ処理事業によって、地域の人々の生活環境の維持と向上を図っていることをとらえています。

それに対して本時は、ごみの減量のために自分たちが協力できることを考えたり選択・判断したりするための学習につなげていく1時間です（**資料15**）。

札幌市ではごみパト隊が見回りをしていて、ゴミステーション（北海道の多くの場所で、ごみ捨て場をゴミステーションと呼称します）でごみ捨てルールが守られていないごみに「×シール」を貼ります。シールを貼られたごみは回収してもらえません。ルールから外れれば公共サービスを受けられないのは当然のことなのですが、回収してもらえなかった住民からしばしば、「なぜ、ごみをもっていってくれないのか」と札幌市環境局に苦情の電話が入ります。この事実をとりあげて、「みんなはこの苦情について、どう考える？」と投げかけます。

子どもたちからは、「生ごみは臭くて困るから、（ルール違反であっても）ごみをもっていくべきだ」と主張する派と、「ルールを守っていないのに、もっていってもらえるなんてずるいから、ごみは置いていくべきだ」と主張する派に分かれます。どちらが多数派を占めるかはさておき、2つの立場を対等のものとして扱い、板書によって双方の考えを可視化します。加えて、黒板にネームプレートを貼って、自分の立場を明らかにします。

このような対立軸を設けると、ややもすると「いい・悪い」「正しい・間違っている」という価値観がぶつかり合う議論になりがちなので、それを回避するために、「自分の主張とは異なる考えのなかに（その考えにも一理あるとか、理由が明確でわかりやすい、発想がおもしろいなどといった）どんなよさがあるのか」を考えるよう促します。そうすると、別の立場にネームプレートを移動させる子どもも出てきます。

こんなふうにして、説得ではなく納得を得られる議論にしながら、子どもの追究の視点を明確にする板書です。

2 学習内容を構造化する板書

次に紹介するのは、「学習内容を構造化した板書」です。ここでは、「工場ではたらく人と仕事」（第3学年）を例に、三つの製麺工場を取り上げます。

西山製麺工場は、200種類の麺をつくり、スーパーマーケットやラーメン店、空港やレストラン、外国など、さまざまな場所に麺を卸しています。

菊水製麺工場は、安い価格で提供するスーパーマーケット向けの麺を大量につくっています。

森住製麺工場は、価格は高めだけれど、ラーメン屋さんのオーダーに応じて特注麺をつくっています。

板書する際は、「いずれの製麺工場も地域の人の生活と大きく関連している」ことが見えるようにします。すると、子どもたちからは、次のような発言があります。

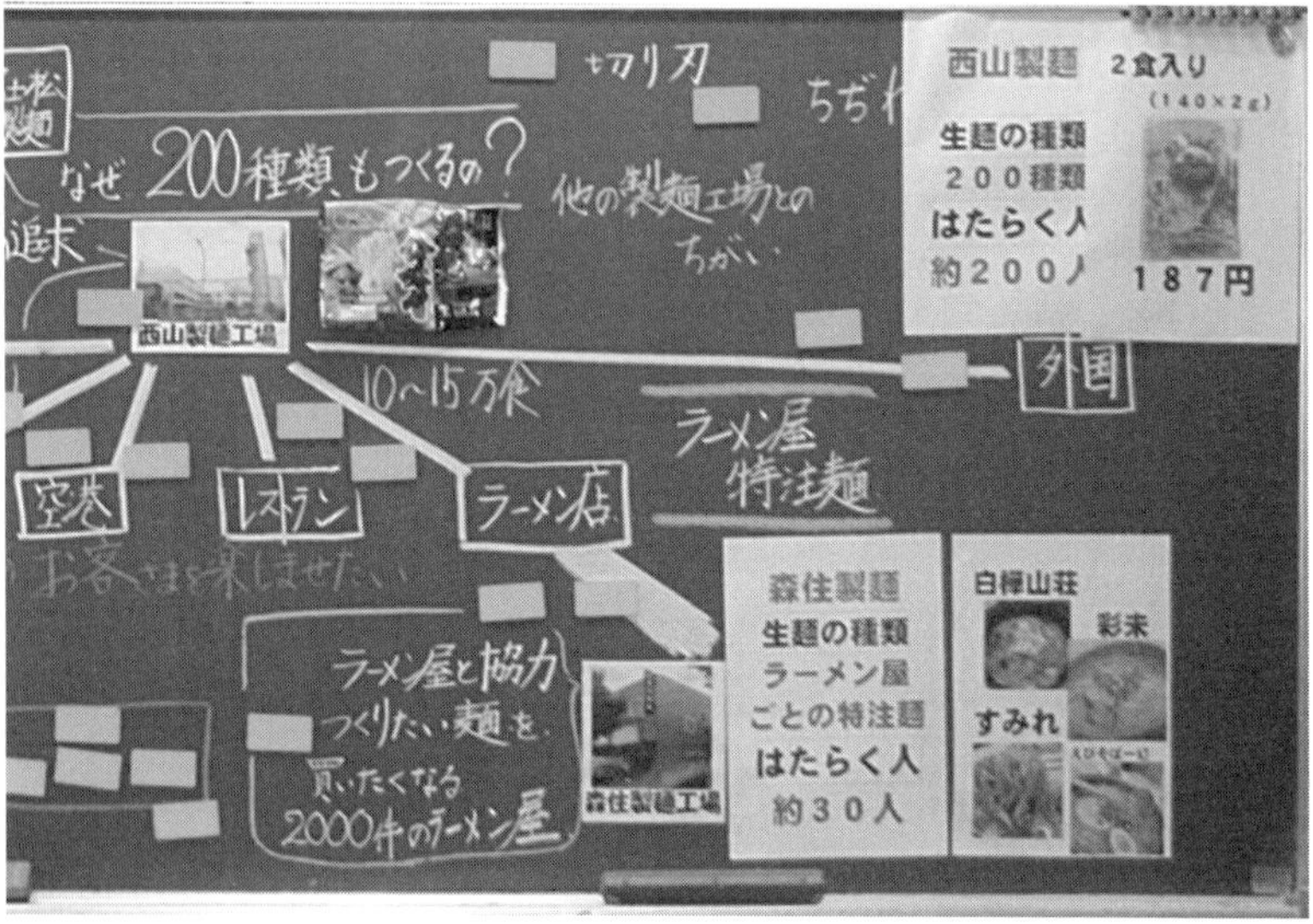

「自分はスーパーマーケットでいつも安い麺を買うから、菊水製麺工場とのつながりが強い」
「西山製麺工場は、たくさんの消費者の好みに合わせている」
「ぼくの好きなラーメン屋は太麺だから、森住製麺工場のおかげだ」

　このように三者三様の製麺工場を取り上げ、学習内容を構造化する板書にすることで、製麺工場の営みの特色や意味を多面的・多角的に思考できるようにします。

　資料16では西山製麺工場を軸として放射線状に広げる構造化を図っていますが、学習内容を構造化する板書はさまざまなバリエーションが考えられます。

資料16　学習内容を構造化する板書

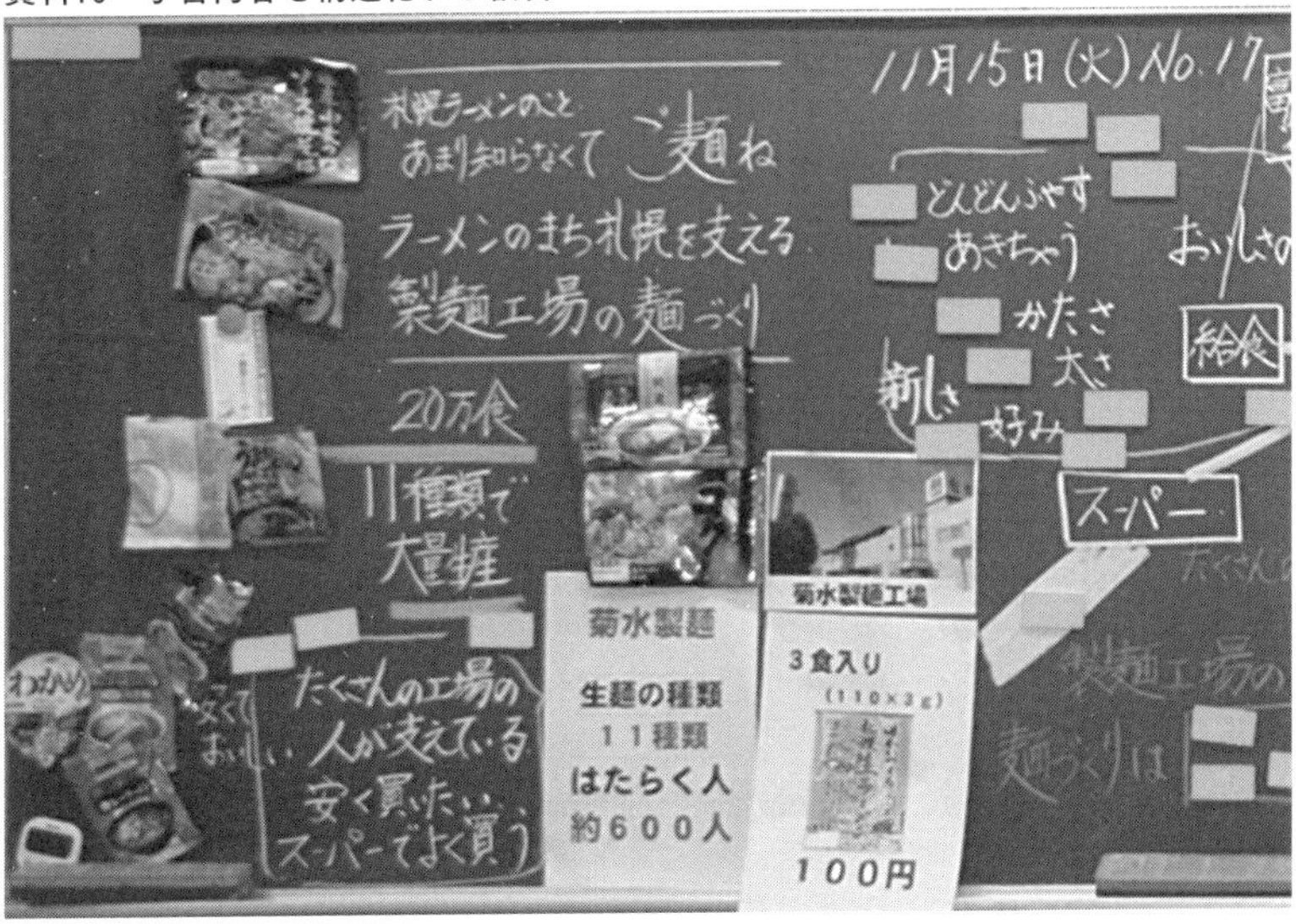

例を挙げると、次のとおりです。

- 「ラーメン工場の生産工程」について調べる1時間の学習であれば、生産工程の資料を左から右に並べて矢印で時系列につなげる板書にする。
- 「消防署や警察署などの関係機関は地域の安全を守るために連携したり協力しながら取組を進めていること」を調べる1時間の学習であれば、連携・協力している様子が一目でわかる板書にする。

いずれにしても、「学習内容の構造化」は、子どもの視野をどう広げるか（または深めるか）といった視点から、教材で

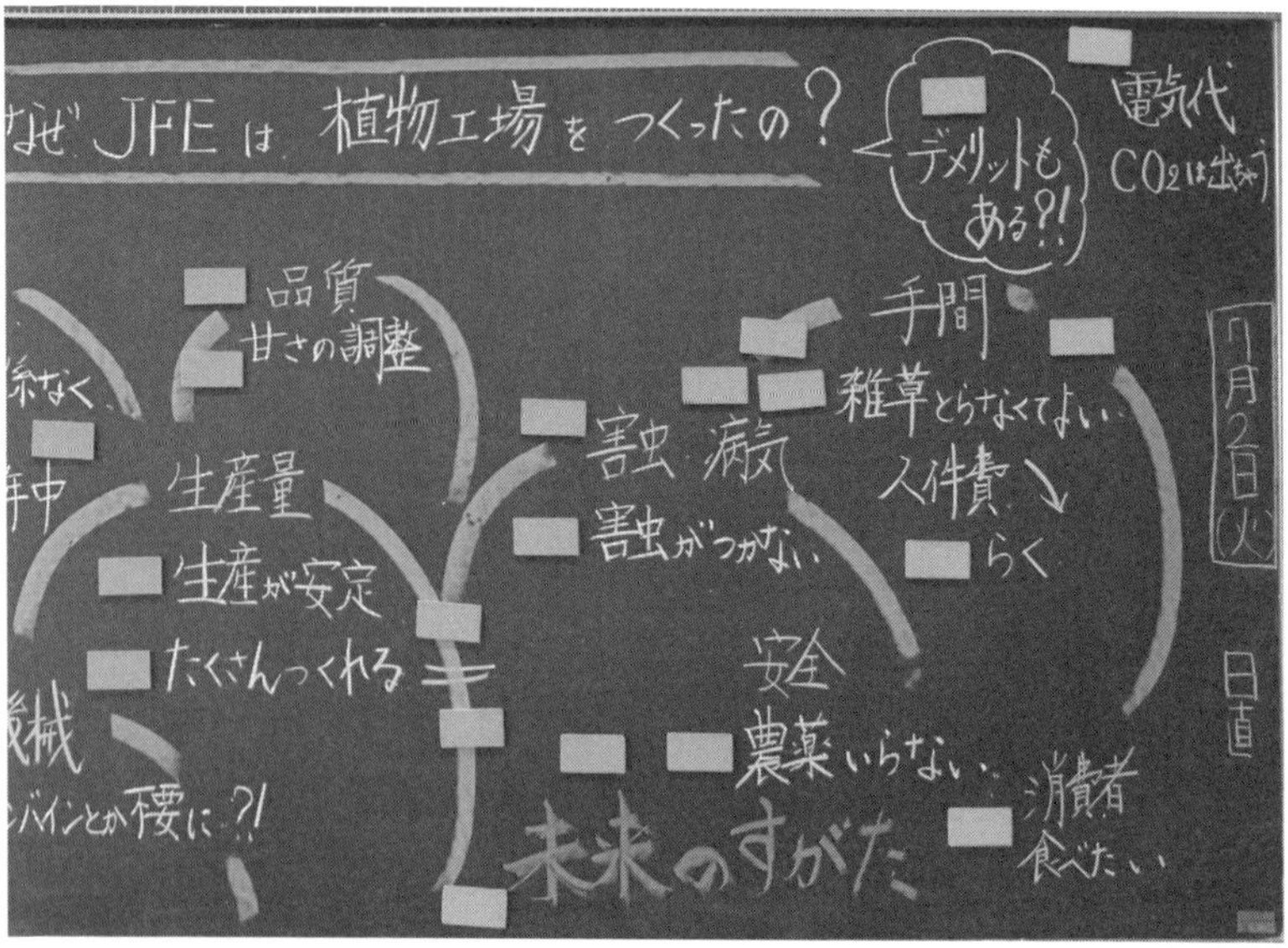

フォーカスしたいポイントを絞って展開することが重要です。

3　自分にはなかった視点に気づきやすくする板書

最後に紹介するのが「自分にはなかった視点に気づきやすくする板書」です。

ここでは、「未来の食料生産」（第5学年の社会科）を例にしましょう。「なぜ畑ではなく、植物工場をつくって、機械でトマトを生産するのか」について、学級のみんなで考える場面です。子どもたちからは、次のようなさまざまな意見が出るでしょう。

「気候に関係なく生産できる」
「品質を安定させることができる」

資料17　自分にはなかった視点に気づきやすくする板書

「農家が減っても機械で生産できる」
「生産量を自由に調整できる」
「畑ではないから害虫がいない」

私は、子どもたちの考えを板書しながら、その脇に子どものネームプレートを貼っていきます。

資料17は、子どもたちの「考え方の視点」を分類した板書です。このように整理すると、自分の考えと似た考えをもっているのはだれかがわかりやすくなります。それと同時に、自分には思いも寄らなかった考えにも気づけるようになります。

授業の振り返りでは、自分とクラスメイトの発言を比較しながら、特に「自分にはなかった考え」に着目してノートに記入するように促します。そうすることで、クラスメイトの考えに価値を見いだしつつ、それによって自分の考えがより深まっていくことを実感できるようにしているわけです。

資料18は、そんなふうに振り返りを書いてくれたAさんの振り返りです。

資料18　Aさんの振り返り

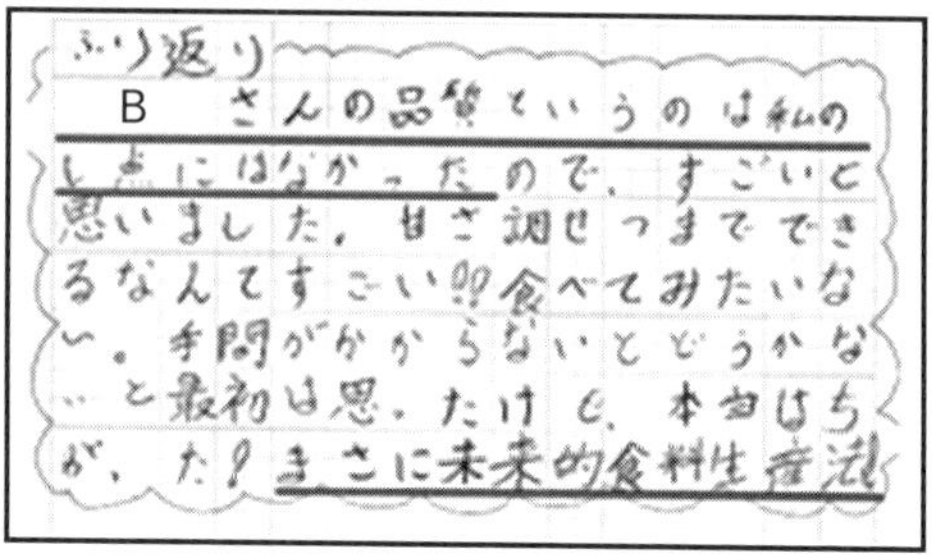
ふり返り
Bさんの品質というのは私のしらにはなかったので、すごいと思いました。甘さ調せつまでできるなんてすごい!!食べてみたいな〜。手間がかからないとどうかな〜と最初は思ったけど、本当はちがった!まさに未来的食料生産法

物事を掘り下げて多様な考えを引き出し、子どもの理解の質を高める

どのような物事にも、さまざまな側面があるものですが、子どもは、（よくも悪くも）教科書に書いてあること、教師が言ったことの影響を強く受けるため、ひとたび〝これって、そういうことか〟と腑に落ちた途端、それ以上考えを広げたり深めたりしようとはしなくなります。その結果、事実としては間違っていない認識なのだけど、見方としては一面的になるといった傾向があります。

この点を、私は打開したいと考えています。子どもたちには、物事を多面的・多角的

に見る見方・考え方をはたらかせられるようになってほしいと考えているからです。

たとえば、「スーパーマーケットでの商品の売り方」（「店ではたらく人びとの仕事」第3学年）について学習する場面であれば、次のように問います。

「店長さんはなぜ、まとめ売りとばら売りのトマトの両方を売るのかな？」

すると、いずれかの子どもから次の理由を挙げてくれるでしょう。

「いろいろなお客さんのためだと思います」

確かにそのとおりです。それに対して私は問います。

「ではその…い、ろ、い、ろ、なお客さんって、どんなお客さんなんだと思う？」

子どもからは次のような発言があることでしょう。

「えっと、何個も入っているトマトをまとめてほしいお客さんと、1個だけほしいお客さんです」

私の問いを裏返すような発言です。そこで私はさらに問いかけます。

「なるほど。じゃあ、まとめ買いをした人は、どんなお客さんなのかな？」

子どもたちはひとしきり考えた後、思いついたことを発言してくれるはずです。

「トマトを安く買いたいお客さんだと思います。まとめ売りのほうがお得だから」

「きっと家族が多いお客さんなんだと思う」

「家族が多くなくても、トマト料理が好きなお客さんかもしれないよ」

今度は、ばら売りのお客さんについて問います。

「じゃあ、ばらで買った人は、どんなお客さんなのかな？」

要領をつかんだのか、次々と発言してくれます。

「一人暮らしの人はばら売りのトマトを買うと思う」

「サラダとかに使うんだったら、そんなに多くなくていいと思うので、少しだけ使う人だと思います」

「たくさん買っても腐らないように工夫して買うお客さんもいると思う」

子どもは好んで「いろいろ」という言葉を使いますが、「それはどんないろいろなのか」まで考えて発言しているわけではありません。だからといって、なにも考えていないわけでもありません。子どもの頭のなかでは、なにかが閃いています。

その閃きを、教師による意図的な問いかけによって言語化し、（この例で言えば「いろいろなお客さん」というときの「いろいろ」の具体を明らかにすることを通して）一面的ではない物事の多面性や多様性に気づけるようにするわけです。こうしたことは、見方・考え方を鍛えるのみならず、確かな理解を得るためにも欠かせないものだと思います。

教師の問いかけ方と子どもの発言の仕方は表裏

物事を掘り下げる問い方には、ほかにもあります。「たとえば、どういうこと？」という問いかけで子どもの発想の視野を広げつつ（日常生活での体験や素朴概念を想起させ）、「つまり、どういうこと？」と問いかけて焦点化するといった方法などは、その最たるものだといえます。

例を挙げましょう。

「湯気の正体」（小学校第4学年理科「すがたをかえる水」）を知るために、「たと、え、ば、どんなときに湯気が出る？　例を挙げながら湯気の正体を予想してみよう」と投げかけたところ、Aさんが次のように発言したとします。

「たとえば、料理をしているときにも湯気が出るけれど、ずっと湯気が出ていると、鍋の水の量が減っていったから、湯気の正体は水だと思う」

するとBくんがAさんの発言に乗っかります。

「たとえば、お風呂でも同じことが言えそうだよ」

このようなやりとりが生まれることによって、自分の生活経験と水を蒸発させる実験とがつながって、より立体的に考えることができるようになります。
さらに例を挙げると、次のとおりです。

- 「似ている」「つけたしです」「さらに」
- 「たとえば」「自分の体験では」
- 「前の学習で」「Aさんに聞いた話では」「見学したときに」
- 「もしも～」「なぜなら～」
- 「だから」「つまり」
- 「ちがう視点から考えると」「でも」「比べて考えると」
- 「つなげて考えると」「まとめると」など

教師が「どんなところが似ている?」（比較を促す問いかけ）と問えば、子どもは「～に似ています」と応答します。授業における教師と子どもの対話の多くは、このような往還によって成り立っています。つまり、教師による問いかけは、新たな着眼点から子どもに考えを促す（学びを広げたり深めたりする）と同時に、「どのように自分の考えを言えばよいのか」といったモデルを子どもに提示しながら、発言の仕方を鍛えているということ

資料19　発言の仕方例

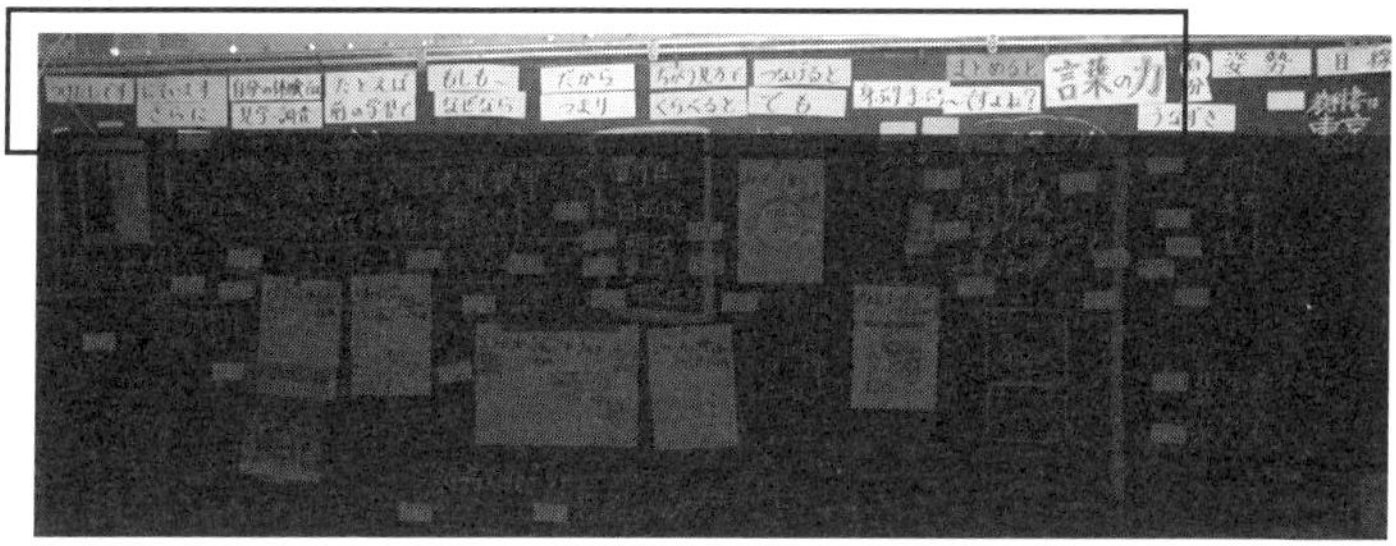

とです。

実際、ある程度の決まった発言の仕方（型）があるほうが発言しやすいようです（逆に、型がまったくないと不安になる子もいます）。「自分の好きなように発言していいよ」と促しても、自信をもって発言できる子は一部にとどまるでしょうから。

と言っても、最初から型を示せばいいと考えているわけではありません。

子どもたちが学び合える集団となっていれば、（教師である私から一方的に示すのではなく）子どもの発言をモデルとして広めていくという手法をとるし、逆に、そうした集団となっていなければ、最初に型を与えるなど臨機応変です。

発達段階や1年生からの学び方の積み上げがどうなっているかなどにも大きく関係するので、子どもの実態に合わせることが大切だと思います。

ただ、どちらのルートを辿るにせよ、発言の仕方は固まっていくので、最終的には**資料19**のように黒板の上部に掲示しています。このようにしておくと、子どもたちも話しやすいようです。

　加えて、発言の仕方は右に挙げた型だけではありません。発言する手続きも重視しています。それを図に表したのが、**資料20**です。

　他方、子ども同士の関係性のほうに視点を移せば、（発言の仕方に一定の規則性があることによって発言しやすくなるだけでなく）「Aさんの意見と似ていて」とか「つけ足しで」などによって、子どもの考えがリレーされ、他者（クラスメイト）の発言を共感的に受け止めようとする機運も高まります。

資料20　発言の手続き例

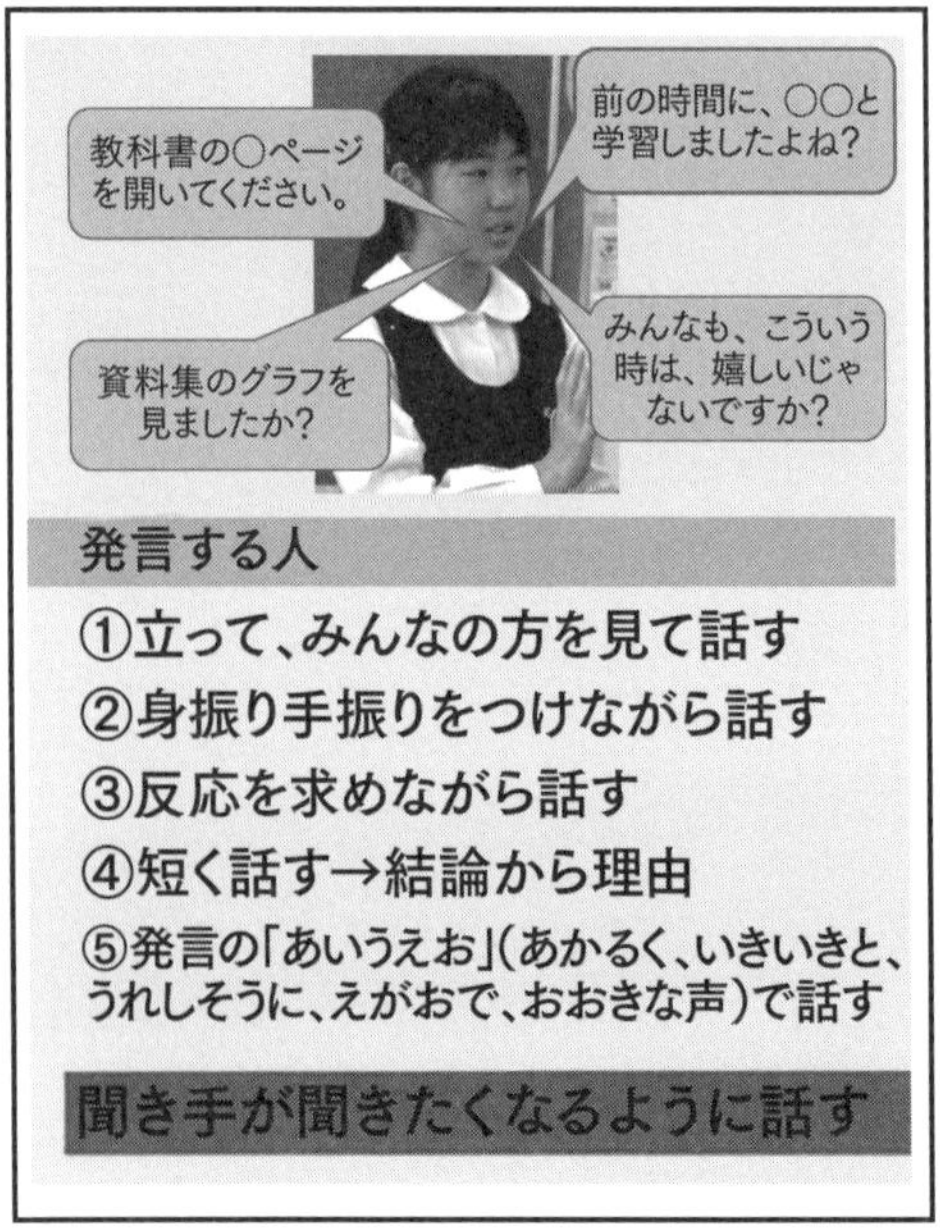

　そのためにも欠かせないのが、クラスメイトの発言の聞き方です。
　子どもたちが「自分の話をみんなが聞いてくれない」と感じている限り、学び合える集団とはならないし、右に挙げたようなつなぎ合う発言も生まれません。このことは、自分が受けもった学級はもちろんですが、研究会等で参観した学級でも同じように感じます。

「自分の考えを受け止めてもらえた」「一生懸命聞こうとしてくれてうれしかった」「また話してみたい」などと思えるからこそ、「今度はクラスメイトの考えを聞いてみたい」という意欲をもてるようになるのです。

資料21　聞く手続き例

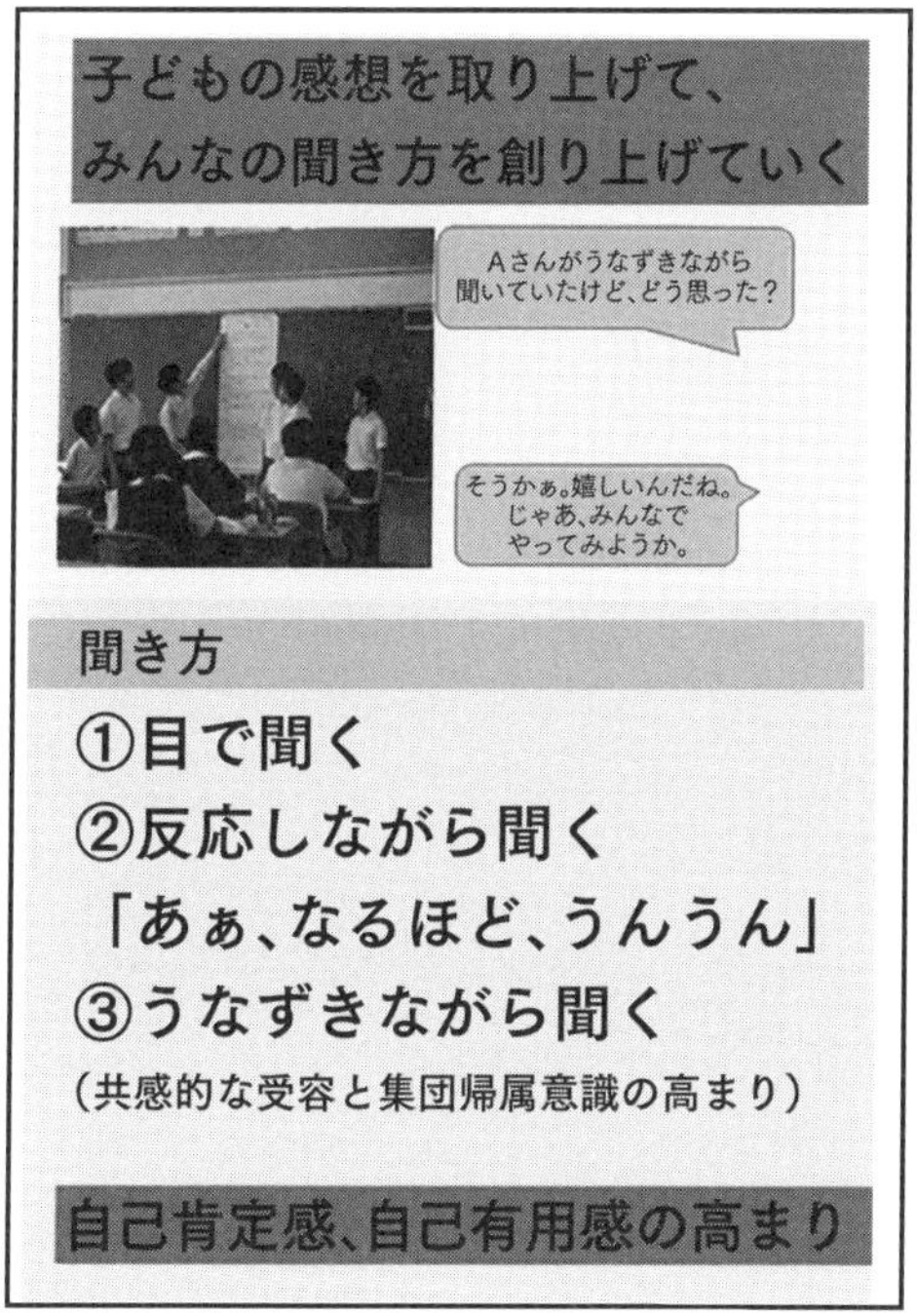
子どもの感想を取り上げて、
みんなの聞き方を創り上げていく
Aさんがうなずきながら聞いていたけど、どう思った？
そうかぁ。嬉しいんだね。じゃあ、みんなでやってみようか。
聞き方
①目で聞く
②反応しながら聞く
「あぁ、なるほど、うんうん」
③うなずきながら聞く
（共感的な受容と集団帰属意識の高まり）
自己肯定感、自己有用感の高まり

お互いの考えを聞き合える関係性あってこその学び合える集団です。そこで私は、**資料21**のように聞く手続きを子どもたちと共有しています。

＊

発言の手続きと聞く手続きをマスターした子どもたちであれば、教師があえて促さなくても、自分たちで考えをつなぎ合っていきます。そうしたやりとりを見取って、「Bくんのおかげで、Aさんの考えがより深まったね」とか、「これでみんなのしたいことがはっきりしたね」などと価値づければ、学びに向かうモチベーションの高まりも期待できるようになるでしょう。

関連づけや補完、比較、吟味や葛藤、総合を促す教師のかかわり

子どもたちが発言の仕方や聞き方をマスターできるようにする手だてと並行して行いたいのが、子どもの発言を引き出す発問や切り返しであり、関連づけや補完、比較、吟味や葛藤、総合を促す教師のかかわりです。

一つ一つ見ていきましょう。

1 「関連づけ」「補完」を促す教師のかかわり

例を挙げると、およそ次のとおりです。

「Aくんには A さんの気持ちがわかるんだね。どういうことか教えてくれる？」

「なるほど。みんなもわかった？」

「Bさん、すごくうなずいているね。どんなことに気づいたのか教えてくれる？」

「Cくんも同じなの？　ちょっと聞かせて」

「Dさんも、『さっき似ている』ってつぶやいていたけれど、どんなところが似ていると思ったの？」

「みんなも、同じような経験がある？」

こんなふうに子ども同士の発言が接着するように促していると、ある子の考えに対しておよそ5人くらいが発言してくれるようになります。しかも、「自分もそう思う」「自分はそう思わない」といった自分の立場を表明する発言だけでなく、クラスメイトの考えと関連づけながら異なる着眼点を提示してくれたり、言葉足らずだったクラスメイトの考えを補完してくれたりする発言が生まれます。

2 「比較」を促す教師のかかわり

例を挙げると、およそ次のとおりです。

「AとBのどちらの立場から考えたの？」

「AとB、どちらのほうがよいと思う？」

「なぜ、AとBは違うのだろう」

「AとBと比べて、Bはどうかな？」

これらは、授業のねらいに資する理解を深めるために、二つ以上の事柄をもち出すかかわりですが、そうするには比較できる材料が必要です。たとえば、同じ事柄を扱いながら視点の異なる資料や対比可能な板書などです。そうした材料があれば、物事の共通点や相違点が明確になるだけでなく、相互の関連性についても把握できるようになります。

加えて、「AとBのどちらがよいか？」といった場合にも、AとBの2つしか材料が示されていなければ、比較しようがないということもあります。

仮想的ですが、例を挙げてみましょう。

たとえば、小学6年生の男の子が50メートル走を8秒33秒で走ったとします。この記録はよいでしょうか？　それとも悪いでしょうか？

これだけの情報では、どちらとも言えないですよね。それに対して、小学6年生の男子の平均タイムが示されたとしたら？　8秒33秒が速いのか、遅いのか、平均的なのか判断をつけられるでしょう。

これは、平均タイムを基準とした比較ですが、AとBを比較する場合にも、基準となるCという情報があることによって、子どもたちは思考しやすくなるはずです。ほかにも、

AとBそれぞれに付随する関連情報がある場合にも子どもたちの学びの助けになるでしょう。

たとえば、イギリスの歴史について学ぶ際にも、日本の歴史との比較ができれば、より学習を深められるだろうし、イギリスの歴史に付随する文化的背景なども視野に入れれば、より明確な知識を得られるはずです。

ただしそうする際、風呂敷を広げすぎると収集がつかなくなるので、バランスよく取り上げることが大切です。

3　「吟味」「葛藤」を促す教師のかかわり

子どもたちは、なんとなく発言した意見でも、なんとなくまとまれば、（浅い理解にとどまっていたとしても）問題が解決したかのように思いがちです。そんなときこそ、教師の出番です。子どもたちの当たり前を揺さぶるような「吟味」や「葛藤」を促す教師のかかわりです。例を挙げると次のとおりです。

「賛成の人も反対の人もいるようですが、どちらを選択すれば解決できますか？」

「よりよい方法はどちらだと思いますか？」

「みんなの考えで本当に解決したと言えますか？」

「自分と違う考えの人を納得させることはできますか？」

このように、〝解決したと思ったけど、本当にこれだけでよかったのかな？〟〝よく考えたら、いろいろまだありそう〟といった思考を促すことができるでしょう。

4 「総合」を促す教師のかかわり

「総合」は、さまざまな立場・視点から多角的に考える思考や、さまざまな他者の考えに触れることを通して、いま一度自分の考えをまとめ直そうとする思考を促します。

例を挙げると、次のとおりです。

「みんなが言ったことをまとめるとどういうことかな？」

「今日の学習問題（問い）の解決はどうなるかな？」

「今日のまとめを一言で言うと？」

子どもが独りよがりな考えに執着することなく、たくさんの考えに触れることを通して自分なりの納得解を導き出せる学びを支えていくことが、本当に大切だと思います。

教師による意図的な指名

日々、いろいろな授業を参観させていただいて、〝もったいないなぁ〟と感じることがあります。一口にもったいないと言ってもいろいろあるわけですが、その一つに挙げられるのが、挙手した子どもの発言を機械的に発言させてしまう授業です。
例を挙げましょう。

［授業終盤、子どもたちが交流しながら考えを深めていく場面］
T「では、みんなの考えを聞いてみましょう。考えを発表してくれる人？」
子ども3名が挙手する。
T「じゃあ、Aさん」
Aが発言する。
T「次は、Bさん」
Bが発言する。
T「次は、Cさん」
Cが発言する。
T「もうありませんか？　もっと考えがあるんじゃないですか？」
子どもは無言で教師を見上げている。挙手なし。

T「じゃあ1分間、時間をとるので、隣の人と考えを交流してみましょう」

このように、最初に挙手した子どもを順番に指名し、ひととおり発言し終えたら、そこで交流がとまってしまうというパターンです。

これでは、意見交流と言いながら、教師と子どもの一問一答に終始し、子ども同士の対話になっていませんよね。当然のことながら、子どもたちは自分の考えを深めようがありません。

では、どうすればよいのでしょう。方法論としてはいくつもあると思いますが、その一つに挙げられるのが、教師による意図的な指名です。

指名に当たっては、次の3点についてそれぞれイメージしながら、第一走者を選びます。

- どんな発言があれば教師と子どもの一問一答にしないで済むか。
- 子どもたち自身が考えをつなぎ合わせながら交流を発展させるには、だれのどんな考えが必要か。
- それにはまずだれから発言してもらうのがよいか、など。

右に挙げた事柄を明らかにするには、その前提として、これまでの子どもの学習状況をつぶさに観察し、子どもの考えをつかんでおくことが必要です。

- 子どもがいま、それぞれどんな考えをもっているか。
- だれとだれの考えが似ていて、それとは異なる考えをもっているのはだれか。
- 子どもたちに深い理解をもたらすきっかけをつくってくれそうな考えをもっているのはだれか。
- 考えがまとまらないときに助け船となるような考えをもっているのはだれか、など。

もちろん、厳密かつ完璧に把握することはできませんが、ICT活用（疑問や予想、振返りなどのデータ共有）が日常的になったことで、ある程度の見通しをつけやすくなったはずです。加えて、（積極的に発言する子、あまり発言はしないけれども思慮深い考えをもっている子など）学び合える集団づくりを通して子ども一人一人の個性をつかんでおければ、交流活動が活性化する確度も上がるでしょう。

このような下ごしらえがあってはじめて、順番どおり機械的に発言して終わってしまう交流活動から脱却できるのだと思います。

それともう一つ、重要なことがあります。それは、（単に子ども同士の考えがつながればよいとするのではなく）**子どもがそれぞれもっている考えや個性を遺憾なく発揮できるよう、その子らしい活躍の場を明確にしてディレクションする**ことです。

まさに教師の腕の見せどころだと言えるのではないでしょうか。

子どもたちが互いの存在を認め合える振り返りノート

授業を行ううえで私が重視していることの一つに振り返りがあります。この振り返りの重要性については、私が論じるまでもないでしょう。中教審答申や書籍でも語られているとおりです。ただ一点、振り返りに関して特徴的だと言えることがあるとしたら、子どもになにを振り返ってもらうかです。

私が子どもたちに求めているのは、クラスメイトの発言を聞いたり話し合ったりしたことなどを通して気づいた「自分にはなかった視点」と、それによって「変わった自分の考え」です。それらを意識しながら振り返りノートに書くよう促しています。

これは、子ども個々が発見した視点や考えをつなぎ、学び合える集団にすることが目的です。そのため、振り返って終わりではありません。次の授業時間の冒頭、学級の子

資料22　Ａさんの振り返り

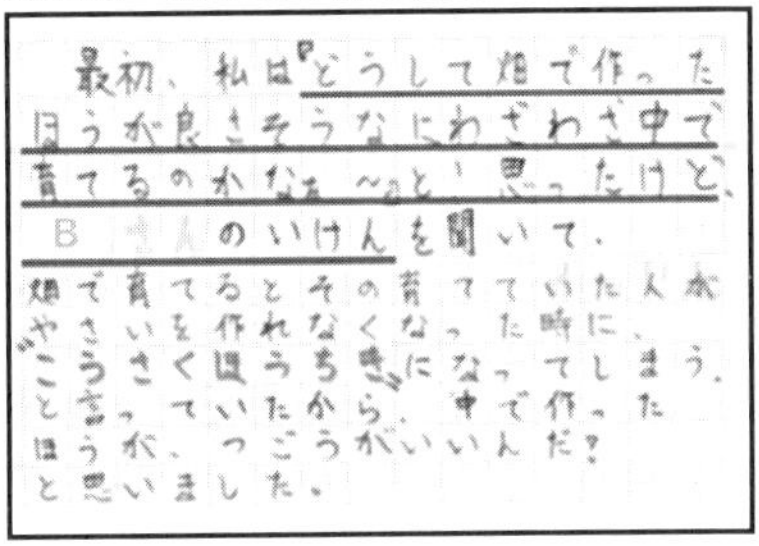
最初、私は『どうして畑で作ったほうが良さそうなにわざわざ中で育てるのかなぁ〜』と思ったけど、B　　のいけんを聞いて、畑で育てるとその育てていた人がやさいを作れなくなった時に、こうさく放き地になってしまう。と言っていたから、中で作ったほうが、つごうがいいんだ！と思いました。

どもたちにたくさん紹介します（**資料22**はＡさんが書いてくれた振り返りです）。

このように私は、子どもが学習を調整するための自己評価という意味合いよりも、〝自分の考えがクラスメイトの役に立った〟といった自己有用感や、〝クラスメイトと学び合えるのはたのしい〟といった仲間意識を高めることのほうを重視しているわけです。

ささやかな取組かもしれませんが、実際にやってみると、期待した以上の手応えがありました。〝この学級で仲間と学び合えるのはたのしいし、おもしろいし、うれしい〟そうした気持ちが、私の目にもはっきり見て取れる形でクラス中に伝播していったからです。

学び合える集団をつくるには、（第1章で述べたとおり）教師が子どもの発想や行為を意図的に価値づけることが大切です。その考えに変わりはないのですが、どうやら**子どもたちは、教師に褒められるよりも、クラスメイトに認められるほうがずっと前向きになれるようです。**

机間指導は、個と集団の力を高める大切な時間

私たち教師は、机間指導を通して、子どもたちがノートなどに自分の考えを整理する姿をつぶさに観察し、一人一人の思考を見取ります。そのうえで、子どもが書いたことにはどんな可能性があるのかを見極め、ヒントとなるようなことをポツリとつぶやき、子どもの気づきの質を高めるかかわりをします。

これは、その子に対する声かけであると同時に、周囲の子へのかかわりでもあります。たとえば、「なるほど、あなたは消費者だけでなく、生産者の立場からも考えているんだね。おもしろいなぁ」と声をかけたとします。すると、その席の近くに座っている子どもたちの動きが変わることがあります。書いていた手を止めて考え込んだり、自分の書いたことにつけ足しするような動きです。

そうした子どもたちはおそらく、〝自分は生産者のことを考えていなかったな〟、あるいは〝自分はどっちの立場から考えていたのだろう〟などと考えを巡らしているのだろうと思います（**資料23**）。

子どもたちは、教師のちょっとした一言を本当によく聞いています。いずれにしても、

資料23

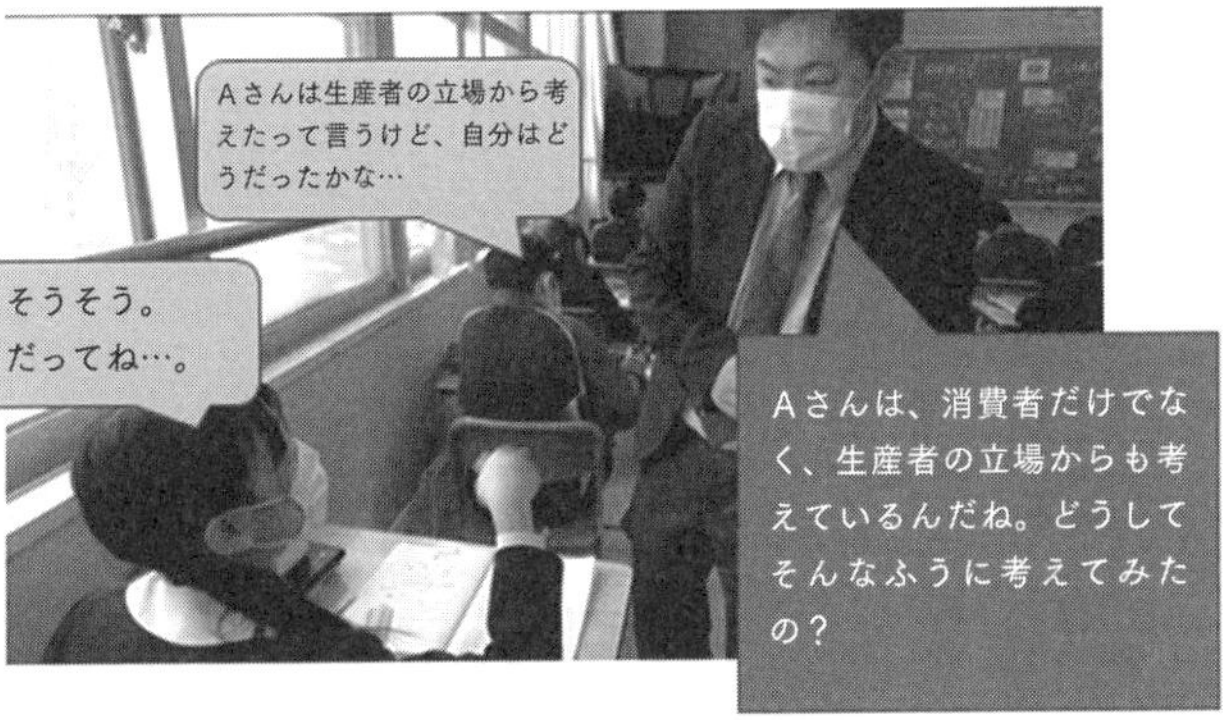
Aさんは生産者の立場から考えたって言うけど、自分はどうだったかな…
そうそう。だってね…。
Aさんは、消費者だけでなく、生産者の立場からも考えているんだね。どうしてそんなふうに考えてみたの？

一度立ち止まって自分の考えを見直してみることが、気づきの質に加えて多角的な視点を与えてくれます。

ほかにも、社会的事象の見方・考え方をはたらかせている様子が見られれば、次のようにどんどん価値づけていきます。

「前の時間に学習したこととつなげてみたんだね」

「自分の体験と結びつけて具体的に考えているんだね」

「地理的な条件という視点から考えたんだね」

「いまだけじゃなくて、未来のことも考えているんだね」

周辺の子どもだけでなく、みんなにも知ってほしい視点の場合には、わざと学級全体に聞こえるように声をかけます。

机間指導中は、子どもに声をかけるだけでなく、子どもの考えに対して私がとらえたことを座席表に記録します。といっても、瞬間的に文章化することはできないので、あらかじめ決めておいた記号表記を用います。

たとえば、生産者の立場から考えている子どもは「@」、消費者の立場から考えている子どもは「$」、経済的な視点から考えている子どもは「%」、環境の視点から考えている子どもは「#」といった案配です。

このようにしておくことも、(前述した)全体交流の際の子どもの考えの把握に役立ちます。たとえばAさんが「#」の視点から発言したとき、その考えを広げるのがよいと判断されるならば、同じく「#」の考えをもっている子に「Bさんはどう思う?」と指名して、意図的に発言機会をつくることができるようになります。また、こうした記録は、次の指導に生かすための形成的評価にも活用することができます。

一人の発言をみんなに広げる教師のかかわり

このかかわりを行う際に私がよく使う言葉の代表格が、「みなさんは、Aさんの言っていることがわかる?」です**(資料24)**。

すると、「うん、わかるよ」とか「うーん、ちょっとわからないな」といった言葉や、

資料24

うなずいたり首をひねったりするといった反応が可視化されます。

　そこでもし「うん、わかるよ」であれば、「じゃあ、どういうことか、先生に教えて」と言って発言を促します。複数いればそれぞれ発言してもらいます。

「おなじ考えを繰り返し発言させて、なにか意味があるの？」と思う方もいるかもしれませんが、実はおおありです。

　たとえ考えが同じであっても、言い方は子どもによって違います。それによって、新しい視点が生まれることがあります。思考する間口が広がり、同じ考えをもっていなかった子も考えはじめます。ここがポイントです。**クラスメイトのいろいろな言い方を知ることによって自分の考えをより深めていく**のです。

逆に、「うーん、ちょっとわからないな」であれば、「どのへんがよくわからないか説明できる人はいる?」と発言を促します。すると、わからないことが明確になるので、その点についてみんなで考え合えるようになります。

要するに、子どもがどんな反応をしたかが問題なのではなく、(どのような反応であれ)反応さえしてくれれば、いかようにも考えを広げることができるということです。そうした思考を促す問いかけが、「みなさんは、Aさんの言っていることがわかる?」なのです。

資料25

聞き手の反応を見る
だって、農家の人が減っているわけだから、仕方がないと思う。

子どもが発言しているとき、教師はどこに立ち、なにを見ているか

ある子どもが発言したとき、「教師はどこにいて、どこを見ている」のがよいのでしょうか。結論から言うと、唯一無二の正解はありません。指導意図によって変化するからです。

他方、見方を変えれば「たくさんの正解がある」という言い方はできると思います。子どもの発言のどの場面にお

いても、「教師である自分はどこにいるか」、その際に「どこを見ているのか」は、常に意図的である必要があるからです。

たとえば、全員に聞こえるように発言してもらいたいときは、その子から遠ざかるようにさりげなく移動しながら発言を促します。そうすれば、子どもは教師との距離感を感じながら声の音量を調節して発言しようとします（ただし、大きな声を出せない子、恥ずかしがる子に無理強いするようなことはしません）。

ほかにも、**資料25**のように、子どもが黒板の前に出て自分の意見を言ってくれているときには、その子の発言を聴いている学級全体の子どもたちの様子に視線を向けます。

資料26

それはたしかにそうなんだけど、仕方がないわけではないはず。
なんか、怒ってますねぇ。「だって」ってどういうこと？
急に悩んだ顔に変わったけれど、どうしたんだろう。
子どもの感性を大切にした関わり

すると、目線をつないでうなずきながら聞いている子、発言が終わらないうちに手を挙げ出す子、目線を上げてなにかを思いついた子、うつむいてぼそぼそとつぶやいている子など、なんらかの反応をしている子どもたちの姿が視界に入ってきます（**資料26**）。

そしてここからが、教師の選択・判断が問われます。つまり、だれを指名するかです。

それによって、発言をしてくれた子どもの考えを生かして交流が活性化するか、それとも残念な雰囲気が生まれてしまうかが決まるといっても過言ではないからです。

これにも唯一のセオリーがあるわけではありませんが、重要なのは子どもたちが自分の思ったことを思ったように発言し、それらがつながり、最終的に授業のねらいの実現に近づくやりとりにできるかです。

そうかといって、教師が敷いた話し合いのレールに乗せる（レールから外れるたびに乗せ直す）ようなかかわりでは、教師が思い描いた授業ストーリーの結末に追い込むようなやりとりにしてしまうでしょう。それでは、授業のねらいどころか交流も不活性化してしまうに違いありません。

やはりこれも、（前述したように）子ども一人一人の考えや個性をつかんでいてこそ可能となるディレクションです。そう考えると、〝日々の何気ない子どもとのかかわりって、本当に大切なのだなぁ〟と改めて気づかされます。

よい指導とは、教師がたくさんしゃべることではない

教師になって間もないころ、先輩の先生からこんなことを言われたことがあります。

「45分間のうち、教師は5分も話さなくていいんだよ」

このことは、教師は授業中、5分以上しゃべってはいけないということではありません。授業のねらいの実現をめざし、子どもが自分の考えを発言したり、発言した子の考えに共感したり、違う考えをもっていることを伝えたりするなど、子どもたち同士で学び合っていけるのであれば、わざわざ教師がしゃべる必要はない、という意味です。

しかし、これが実にむずかしい。

若いころは授業中にたくさんしゃべっていた私です。5分どころか、授業時間の半分近くしゃべっていたこともあるくらいです。とくに研究授業のときなどがそう。

なぜ、そうしてしまっていたのか。答えは簡単です。自分のイメージどおりに授業を進めようと躍起になっていたからです。しかも、ちっともうまくいかずに焦ってしまっていたからです。要するに、目の前の子どもの姿が見えていなかったからです。

こうした教師の所作は、子どもたちの自由な発想を奪います。すると、子どもは発言どころか反応すらしなくなります。そのため、余計にたくさんしゃべってしまうという悪循環です。こうした苦い経験が、私にはあります。

教師がなすべきは、子どもが感じたありのままを（なんらかの形で）表現できるようにすることです。クラスメイトの考えを聞きたくなるようにすることです。自分が学ぶこと、クラスメイトと学び合えることのたのしさを味わえるようにすることです。

「教師は待つことが大切だ」などとよく言われます。たしかに、そのとおりです。ただその一方で、こうも思います。子どもたち自らが学習をつくっていけるのであれば、それこそ待つ必要さえ生まれない…と。そういう授業づくり、学級づくりを私はしたいのです。

現実には、教師が一言もしゃべらない授業を実現するのはきわめてむずかしいでしょう。しかし、そうできれば本当にすばらしいことだと思います。

子どものもてる能力を最大限に引き出してあげられる教師。それこそが、私の考える最強のカリスマ教師像です。

＊

ここまで、子どもたちの感性がはたらく社会科の学びについて述べてきましたが、ここからは、（難易度が高いと思われることの多い）「『〜のはずなのに、なぜ？』という問いはどのようにして生まれるか」について、これまでに紹介してきた実践などを改めて取り上げながら述べていきます。

「食料生産を支える人々―根室のサンマ」（第5学年）

1　「どのように」の段階から「なぜ」の段階に移行する学び

本単元は、「水産業を支える人々の工夫によって、自分たちの食料が支えられていること」を学ぶ学習です。漁師さんの漁の仕方だけでなく、運輸の仕組み（魚介類が私たちの食卓に届くまで）についても取り扱います。

一般的な問いは「どのようにして、新鮮なまま魚を私たちのもとへ運んでいるのだろう？」といったところでしょうか。もちろん、この問いが悪いわけではありません。「どのように型」の学習問題は、社会的事象の仕組み理解に適しているからです。その一方で、「調べてまとめる」ところで単元の学習が終わってしまいがちな点に、この型の限界があります。

そこで私は単元を通じて「どのように」の段階から「なぜ」の段階に移行していく学習にしていけないものかと考えました。それが、次の問いの展開です。

●「どのようにして、サンマを運んでいるのだろう」という問いの課題解決を図ったうえで、資料27　サンマ１尾の「せり価格」と「小売り価格」

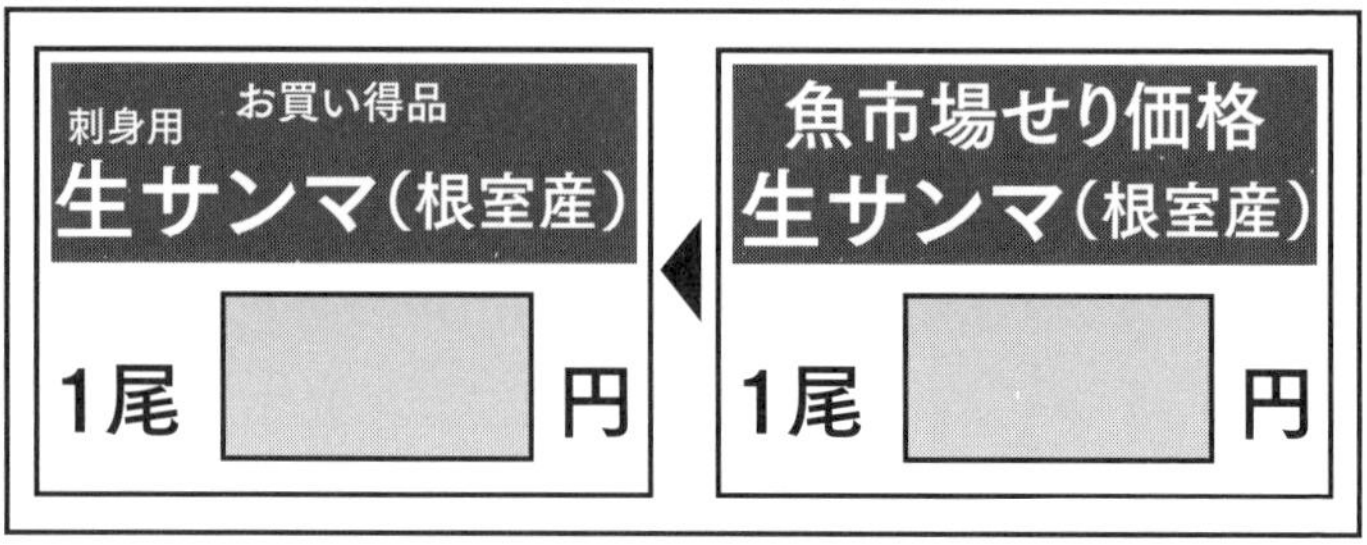

お買い得品
刺身用
生サンマ（根室産）
1尾
円
魚市場せり価格
生サンマ（根室産）
1尾
円

「なぜ、水揚げされたばかりの新鮮なサンマのせり価格より、スーパーマーケットの小売り価格のほうが高いのだろう?」という問いが生まれるようにする。

そこで取り入れたのが、よこ比較法です。

根室の漁港で水揚げされた新鮮なサンマ。一尾の魚市場のせり価格をマスキングして資料を提示し（**資料27の右**）、価格を予想します。その後、水揚げされたばかりの新鮮なサンマは一尾60円であることを確認します。

次はスーパーマーケットでの小売り価格です。

そのサンマはトラックに載せられ、陸路で札幌市内のスーパーマーケットに運ばれてきます。到着後は店員さんがサンマを並べてお客さんが買えるようにします。つまり、水揚げされてからお店に並ぶまでに相当の時間がかかっているわけです。

子どもたちは、サンマがどのようにしてお店に運ばれてくるのか、運輸の仕組みについて学んでいます。そのため、スーパーマーケットでの小売り価格をマスキングした資料を提示し（**資料27の左**）、「いくらになっていると思う？」と問うと、およそ次のように発言してくれます。

「だいぶ鮮度が落ちてるよね。だから、50円くらいになるんじゃないかな？」

「でも、運ぶのだって大変だし、同じ60円くらいでいいんじゃない？」

「スーパーマーケットでサンマを買うことがあるけれど、けっこう新鮮だよ」

「ん～と、スーパーマーケットで、そんなに安く売ってたっけ？」

なかには、運ぶ手間に着目している子どももいるものの、おおむね「獲れたてじゃなくなる」「鮮度が落ちていく」という点に着目した発言です。

「そうだよね、獲れたてのサンマのほうがおいしいだろうからね」などと言いつつ、「だけど、実際にはこんな値段で売られているよ」と言ってマスキングを外します。そこには、１６８円と書かれています。その瞬間、子どもたちの発言が弾けます。

「えーっ、高すぎるよ」

「なんで、なんで！」

「鮮度は落ちてるよね。なのになんで、値段が上がっているの？」

「おかしくない？」

「きっと、新鮮さを保つために、なにか工夫をしているんじゃないかな」

資料28

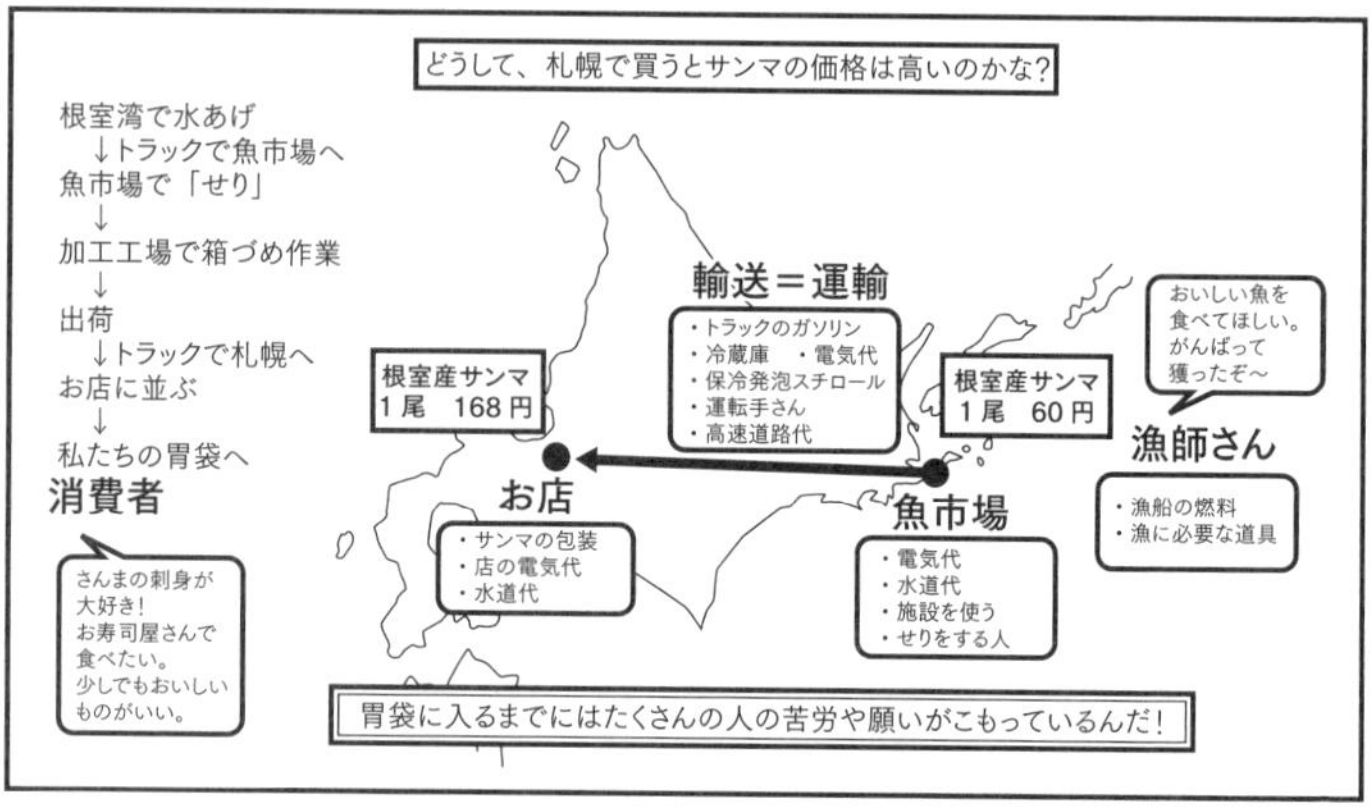
どうして、札幌で買うとサンマの価格は高いのかな?
根室湾で水あげ
↓トラックで魚市場へ
魚市場で「せり」
↓
加工工場で箱づめ作業
↓
出荷
↓トラックで札幌へ
お店に並ぶ
↓
私たちの胃袋へ
消費者
さんまの刺身が大好き! お寿司屋さんで食べたい。少しでもおいしいものがいい。
輸送=運輸
・トラックのガソリン
・冷蔵庫 ・電気代
・保冷発泡スチロール
・運転手さん
・高速道路代
根室産サンマ 1尾 168円
根室産サンマ 1尾 60円
おいしい魚を食べてほしい。がんばって獲ったぞ〜
漁師さん
・漁船の燃料
・漁に必要な道具
お店
・サンマの包装
・店の電気代
・水道代
魚市場
・電気代
・水道代
・施設を使う
・せりをする人
胃袋に入るまでにはたくさんの人の苦労や願いがこもっているんだ!

こうした子どもたちの考えを板書にまとめながら、生まれた問いが、「(獲れたてから時間が経っていて鮮度も落ちているかもしれないのに) どうして、札幌で買うとサンマの価格は高いのかな?」です (**資料28**)。

大人がこんな会話を耳にしたら、「そんなわけないでしょ」と突っ込みそうなものですが、これが子どもの発想です。

保護者とスーパーに訪れてサンマを買った経験がある子どもも、本単元の前半で学習した「どのように型」の知識にとらわれていて、サンマ1尾が漁場から家庭の食卓にのるまでにかかわった人々の暮らし (お金を稼ぐ生活の糧としての仕事や、その仕事をするために必要な費用) に目を向けられていないのです。

単元にもよりますが、こんなところにも「どのように型」の学習問題の限界があります。実際にかかわっている人々のリアリティにまでには近づきにくいからです。

そもそも問いは、簡単すぎてもむずかしすぎてもダメで、「なんとなくわかりそう」くらいが丁度いいのですが、それと同じくらい大切なのが「（学習してきたことは）～のはずなのに、なぜ（学習してきたことと違うのだろう）」という問いを生む認識のズレを、教師が意図的につくることなのです。

2 自分の考えを整理し、つなぐ

今度は、新たに生まれた「なぜ？」に対する解決に向けて、「そういえば、冷蔵されていたりするよね」「運ぶのだってガソリン代がかかる」といった発言を整理しながら、次のようにつないでいきます。

「では、スーパーマーケットでの小売り価格のほうが高くなってしまう原因について考えていこう」

「最近、ガソリンの値段が高くなっているって聞いたことがある。サンマを運ぶのにも余計にお金がかかっていると思います」

「トラックにかかる費用はガソリンだけかな？」

「サンマを運んでいる間も冷やさないといけないから、電気代がかかる…とか？」

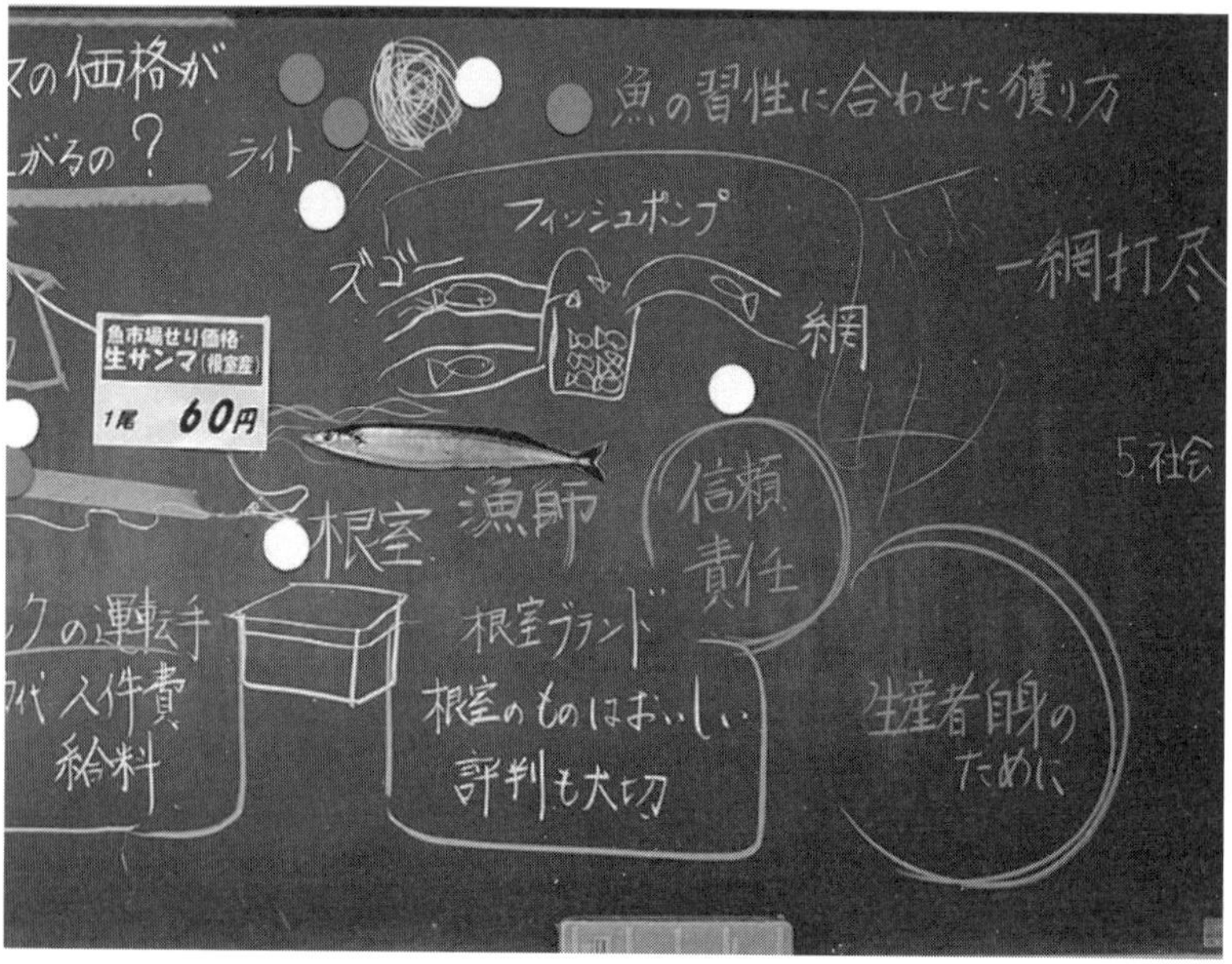

「教科書にはサンマを発泡スチロールの容器に氷を敷き詰めている写真があるから、氷代とか、容器代とかじゃない？」

「ガソリン代だけではなくて、いろいろな費用がかかるということだね？」

「それだけじゃないと思います。できるだけ早くスーパーマーケットに運ぶために高速道路代とかもかかると思う」

「あぁ、なるほど。それは思いつかなかった」

「トラックの運転手さんの給料だってかかるよね」

「届けるだけじゃなくて、スーパー

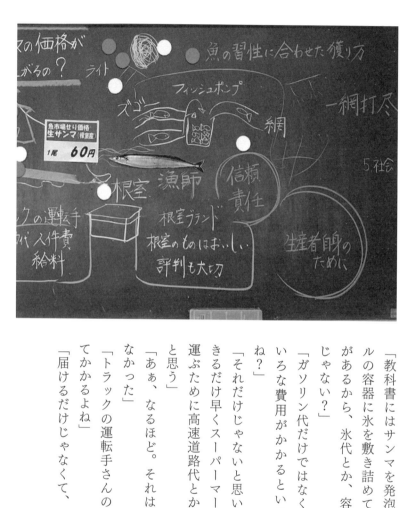

資料29　板書

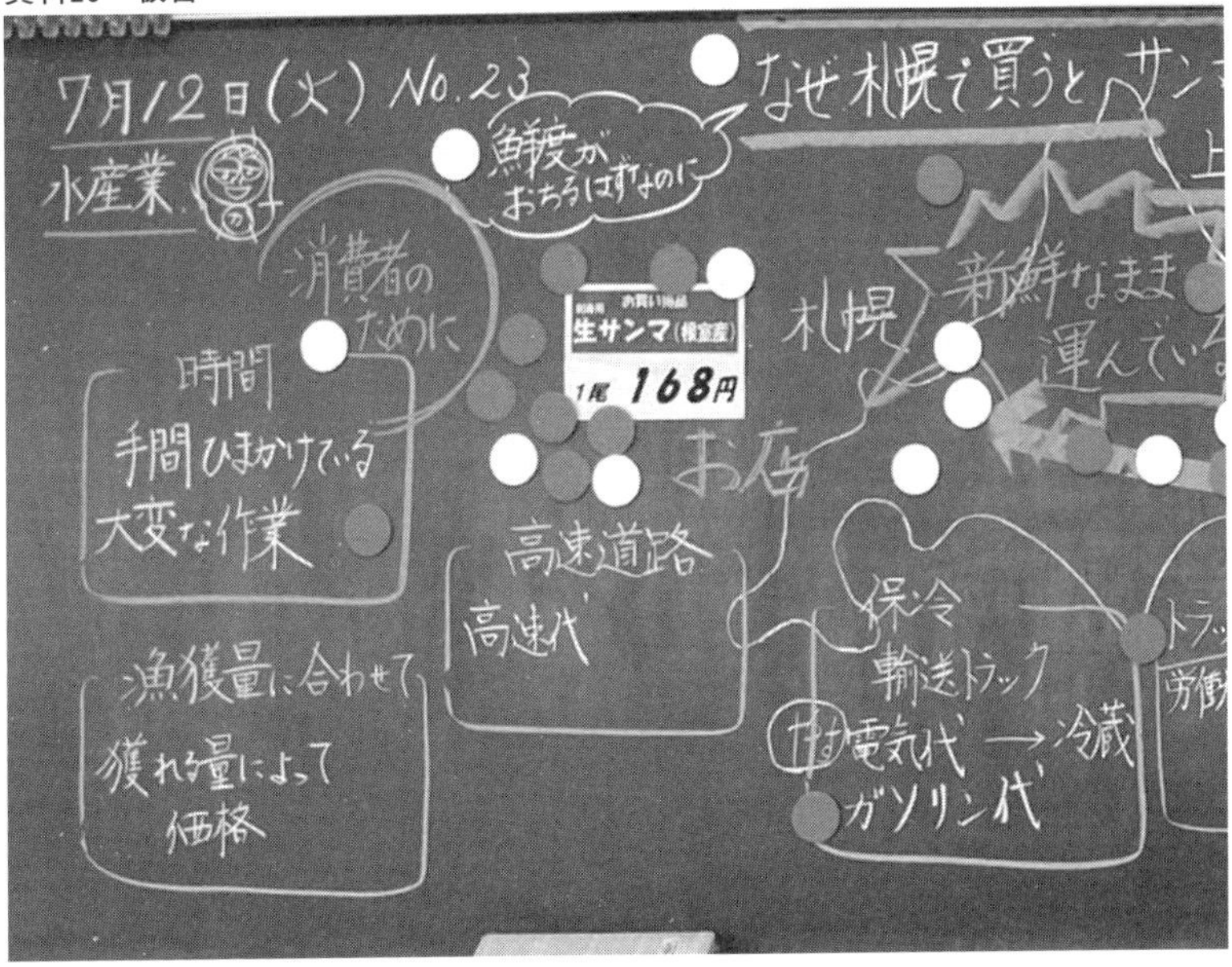

マーケットで売る人の利益も考えなければいけないよね」

「ということは、サンマ1尾の値段って、漁師さんだけじゃなくって、トラックの運転手さんやスーパーマーケットの人の給料やガソリン代なんかも全部入ってるんだ」

この段階までくると、事実としての知識理解にとどまらず納得解に近づいていきます（資料29）。その様子を見取って自分なりのまとめを書くよう促します。

授業の終末近くになって、「168円なんて、高すぎるよ」と言っていた子どもの一人が、「これだけの苦労があるのなら、なんか安い気もしてきた」とつぶやいていたのが印象的でした。

ささやかだとは思いますが、これも一つの子どもの変容した姿だと言えるのではないでしょうか。

「これからの食料生産―スマート農業」（第5学年）

第5学年の社会科では、国民生活との関連を考えながら産業の現状、社会の情報化と産業のかかわりについて学んでいきます。

殊に、私たちの国の産業構造の変化をとらえるには、工業単元や情報単元における情報化と産業のかかわりはもちろんのこと、農業や水産業の単元においても、大量の情報や情報通信技術の活用によって産業を発展させようとしている社会的事象を扱うため、多くの先生方から「5年生の社会科はむずかしい」という声も聞かれます。

1　本単元の概要

（本単元は本章でも別の項で取り上げていますが）、農業が抱える就農人口の減少や後継者不足、農家の高齢化等の課題解決に向けて、無人トラクターの導入、人工知能技術を活用した植物工場設立といったスマート農業の事例を取り上げながら、持続可能な生産活動のあり方について学習し、考えをまとめていきます。

そこで、米農家、ＪＡ（農業協同組合）、国や地方公共団体、農業試験場、漁師、漁業協同組合、農業に新規参入する工業生産に携わる人など、さまざまな立場から社会的事象の意味を理解できるようにします。

併せて、消費者である自分や国民と生産者のつながりをとらえられるように、「食料生産は私たちの胃袋を支えるために行われている」ことを意識できるように単元を構成しています。

単元を貫く学習問題は、「わたしたちの胃袋を支えているひみつ！わたしたちの食生活はどのように支えられているのだろう？」です。単元の冒頭、家庭から集めた米袋や食品トレイを地図に位置づける活動を行い、自分の生活と食料生産のつながりを感じられたことで決まった学習問題です。

稲作の生産については、米づくり農家やＪＡなどの営みを通して、品質向上のための工夫や努力をとらえることや、雪中米などにみられるブランド化や地方公共団体による就農人口を増やす取組を通して学べるようにしています。

水産業については、漁業従事者の営みから資源保護の工夫や努力をとらえることに加え、生産→輸送→販売の流れが見えるようにし、単元の後半で日本の食料生産の問題を扱い、単元で積み上げてきた既有知識と資料等を関連づけられるようにしています。

加えて、「食を極める」を探究課題に据えた総合的な学習の時間の実践とも横断的に関連づけながら、「米づくりの模擬体験」「植物工場見学」「無人トラクターの学習」という3本立てて学習を進めていきます（子どもたちの学ぶ様子は113頁参照）。

2 米農家とJA職員への聞き取り調査と米づくりの模擬体験

本章の中盤でも紹介した実践です。

学校の近くで50年間米づくりをしている米農家さんと、JAの職員を訪ね、協力関係や、米づくりの作業について学びました。

広い田んぼで害虫からお米を守り大切に育てていること、精米機で精米し消費者にお米を届けていること、農家とJAが協力しながら肥料を決めていることなどについて、いろいろな話を聞きながら、米づくりの仕事の実際を学び、農家の人の工夫や努力をとらえていきます。

一方、総合的な学習の時間では、学校の畑を活用して一人一人が農作物を栽培したり、バケツ稲づくりなどをしたりする活動を取り入れています。土づくり体験を通して泥の感触を味わうことで、農家の人の仕事の苦労を実感的にとらえるようにすることがねらいです。

実際、自分たちの胃袋を支えている人々の営み（自分の生活と農家の人々の営み）が具体的に見えてきたようで、食料生産を支える人々への感謝の気持ちや誇りも感じる様子が見て取れました。

3　植物工場の取組の意味を考える

北海道苫小牧市では、工業生産を行っていた会社が植物工場を設立し、人工知能技術を導入してリーフレタスやトマトなどを栽培しています。授業では、「（工業製品を生産する会社なのに）なぜ、植物工場をつくったの？」という問いについて考えていきました。以下は、子どもの気づきです。

- 北海道の冬はたくさん雪が降るから、農作物の収穫はむずかしいけれど、気候に関係なく安定した生産が可能である。
- 工場のなかは畑ではないため、害虫から野菜を守ることが可能だ。
- 農家のような長年の経験がなくても持続可能な生産活動ができる。

このあと、植物工場を実際に見学し、人工知能技術を取り入れたコンピュータ制御のもとで水分量や糖度を調整している様子を目の当たりにします。また、獲れたてのトマトを試食することで、品質を向上させながらブランド化を図る取組であるといった理解を深めていきます。

4 無人トラクターの取組を通して農業の発展について多角的に考える

私たちの国の食料生産の問題点を克服するために、農家はどのような工夫や努力を行っているかを学ぶ学習です。教材化したのは、北海道岩見沢市の農家が導入している無人トラクターの試みです。

問いをつくる着眼点は、大きく次の二つ。

- 高齢化の問題、就農人口の減少といった、私たちの国が抱える課題を解決するためには、科学技術を活用した合理的・効率的で新たな生産方法を導入する必要がある。
- その一方で、最新の技術を取り入れた設備を導入するには多額の初期投資が必要であるだけでなく、継続的なメンテナンスコストも膨大である。

この学習では、無人トラクターの可能性と有用性が、日本の食料生産の課題克服に向けてどのように寄与するのかについて学んでいきます。

それに対して子どもたちは違和感を覚えます。

なぜなら、「日本の農家はこれまでに培った経験や知恵をフル活用し、すべてを機械任せにするのではなく、愛情を込めて農作物をつくってきた」ことを学習してきたからです。「それなのに、無人トラクターで本当によいのかな」と納得いかなそうにつぶやいていた子がいたくらいです。

こうした納得のいかない思いを抱えた子どもたちとともにつくった問いが「（高額な設備投資をするのはたいへんなことだし、手づくりでもなくなってしまうはずなのに）なぜ、農家の人は無人トラクターを導入するの？」です。

本単元では、無人トラクター導入の是非について学ぶわけではないのですが、子どもたちの釈然としない気持ちは、（学校教育を離れても）これからの日本の食料生産について考えつづける「問い」に発展する可能性があります。

5　農業の発展について考え、議論する

大単元の終末には、「これから日本の農業が発展するために必要なこと」について考え

資料30　子どもたちがまとめた自分の考え

生産者の立場からの考え

C: 無人トラクターが耕作している間に、農家の人は他のことに時間が使える。空いた時間を活用して新しい作物も作れる。効率的だ。

C: 農家の人は腰が楽になるし、自動運転で事故も減らせる。

消費者の立場からの考え

C: 耕作放棄地の問題や農家の高齢化などの問題点を解消することができる。自分たちが食べ続けるためには必要なことだ。

C：見学した農家さんのように愛情を込めて作物を作ってほしい。農家の人の経験や勘が無くなってしまうのも困る。

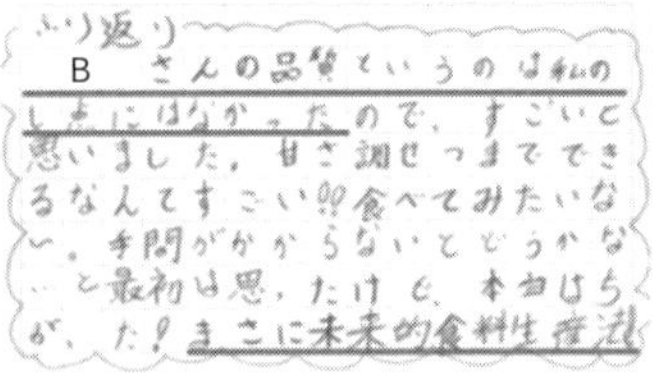
ふり返り
B さんの品質というのは私のしこうにはなかったので、すごいと思いました。甘さ調せつまでできるなんてすごい!!食べてみたいな〜。手間がかからないとどうかな…と最初は思ったけど、本当はちがった!まさに未来的食料生産法

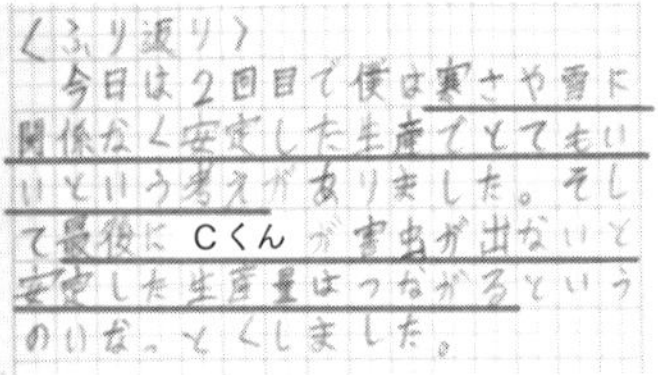
〈ふり返り〉
今日は2回目で僕は寒さや雪に関係なく安定した生産でとてもいいという考えがありました。そして最後に Cくん が害虫が出ないと安定した生産量はつながるというのになっとくしました。

A児の考え

植物工場のように、工業の人も農業をやるようになっている。いろいろな人がつながってみんなで生産を安定させていく必要があるのかもしれない。自分たちも食べることで、食料自給率を上げることに貢献したい。

B児の考え

日本の食料生産が外国に負けないようにするためには、最先端の技術を活用した生産方法が必要だと思う。未来の生産方法はますます進化していくはずだ。

C児の考え

これからも食べ続けていけるためには、持続可能な食料生産が大切だと思う。地球温暖化で作物がとれなくなることもある。環境のことも考えた生産が必要だ。

をまとめる時間を設定しています。

資料30は、そうしたなかから抜粋した子どもたちの考えです。こうした考えをもてるようになるにはやはり、一つのテーマのもと、単元全体を通して多角的・多面的に学習を進めていけるようにすることが必要なのだと思います。

「全国統一への動き―織田信長」（第6学年）

1　本単元を構成する意図

本単元では、鉄砲やキリスト教の伝来、織田信長や豊臣秀吉らの政策によって戦国の世が統一されていったことについて学習しますが、計画を立てる際、あえて次の要素を取り入れています。

●鉄砲を用いた新しい戦法や諸政策といった主要なポイントを押さえながら、下克上が跋扈する戦乱の世の中がいかにして統一され、太平の世を迎えるにいたったのか、そのプロセスについて考える学習を組み込むことで、（身分制度を確立し、経済を発展させて、武士による政治を安定させた）江戸幕府について学ぶ次の単元への布石とする。

いわゆる戦国時代には、町衆（武士が戦うための武器をつくる技術をもっていた者やそれを商売にしていた者）が自治都市を形成していました。織田信長が堺をほしがったのも、町衆が独自の都市文化を形成し発展していたからだとも言われます。

他方、町衆は戦乱の世にあって独自の生活様式を確立していたため、戦国大名たちの生活様式とはかけ離れています。加えて特筆すべきは貨幣経済の発展で、堺の町衆と手を組んだ織田信長は、従来の戦の概念を一変させます。

こうした点に着目しながら歴史的事象を読み解けるようにしていくわけですが、この時代の大きな変化を驚きをもって感じられるようにするには、前単元までに学習したこととの比較学習が欠かせません。つまり、既習活用が本単元のキーとなります。

そのため、信長の死後、秀吉が天下統一するまでの流れを扱う際にも、どのような戦がおこったかのみならず、なぜそうした戦を行うのが可能だったのか、経済力を背景とする情報収集や資金運用、配下を統制する仕組みなどに気づけるようにします。

2　比較から問いを生む資料提示と役割体験

第3時には、副将軍の位よりも堺の町をほしがった信長の考えを想像しやすくするため、ロールプレイ（役割体験）を取り入れています。

資料31　よこ比較

信長よ、このたびはたいそう世話になった。おかげで、将軍になれたよ。おまえに、ほうびを与えよう。副将軍の位を用意したのだが、どうだろう。
15代将軍
足利義昭 誕生
ははぁ、ありがとうございます。しかし、副将軍の位は、私にはもったいありません。
それよりも、堺をください。
あんな、小さな町でいいのか。おまえは、欲のないやつじゃのお。
15代将軍
足利義昭 誕生

ご存じのように、当時、足利義昭が将軍になれたのは、義昭のために戦った織田信長の功績があったればこそです。その功績に報いようと副将軍のポストを用意した義昭とのやりとりを想起できるようにするためにまとめたのが**資料31**です。この場面を用い、子どもたちが義昭と信長に成り代わってロールプレイを行ったわけです。

こうした活動を通して、「（天下統一を成し遂げたいなら、その足がかりとして重要なポストについておくほうが得策であるはずなのに）なぜ、信長は堺をほしがったの？」という問いをつくっていきました。

*

（言うまでもなく）ゲスト・ティーチャーとして足利義昭と織田信長を招聘することはできません。歴史学習で拠りどころにできるのは、教科書や資料集です。

そのため、もし教師がなんらかの手だてを講じなければ、歴史上の事実を習得すべき知識として、時系列に学ぶだけの学習にしてしまうでしょう。それでは、単元が求める確かな理解に届かないのではないでしょうか。

もちろん、「ロールプレイを取り入れれば万事めでたし」という単純な話ではありません。「堺の町は鉄砲の生産地であること」「戦乱の世で安定した経済状況をつくっていたこと」については教科書や資料集から学びつつ、そうした状況を支えていた背景を押さえながら、歴史的人物の思いに馳せてみる（ロールプレイをはじめとする）体験的な活動を取り入れる。そうすることで、子どもにとって遠い世界の歴史的事象との距離を縮め、自分なりの考えをつくっていけるのだと思います。

3　板書で子どもの考えをつなぐ

子どもたちは、堺の魅力を学ぶ際、「お金」と「鉄砲」という二つの視点から追究していきます。まず「お金」の視点から話し合いをスタートし、以下について学習を進めていきます。

●南蛮貿易を背景に、たくさんのお金を手にしていること。

●当時の戦いに勝つためには、それまで以上の多額な戦費が必要であったこと。
●商人による経済活動によってさらなる富を生み出していたこと。

次は「鉄砲」に視点を変えていきます。

●刀や槍といった従来の武器と比較した場合の鉄砲の長所と短所（断続的な遠距離戦闘に強い一方で、即時的で臨機応変な対応が必要な近接戦闘に弱い）
●鉄砲の長所を生かすための工夫（たくさんの数を用意し、敵を射程に誘い込んで一斉砲撃する戦術が必要）
●戦で必要となる数を量産する原料と資金、鉄砲鍛治（生産技術者）の確保

このように、戦に鉄砲を用いることによって、戦略や戦術は様変わりし、戦を継続するために必要なリソース（人・物・金）の確保が勝敗を分ける時代に突入したことを多角的に学んでいきます。

加えて、信長は堺だけでなく、国友（もう一つの鉄砲生産地）も手に入れた事実を提示します。これによって、継続的な戦闘をつづけられる足場を盤石なものとした（天下統一に

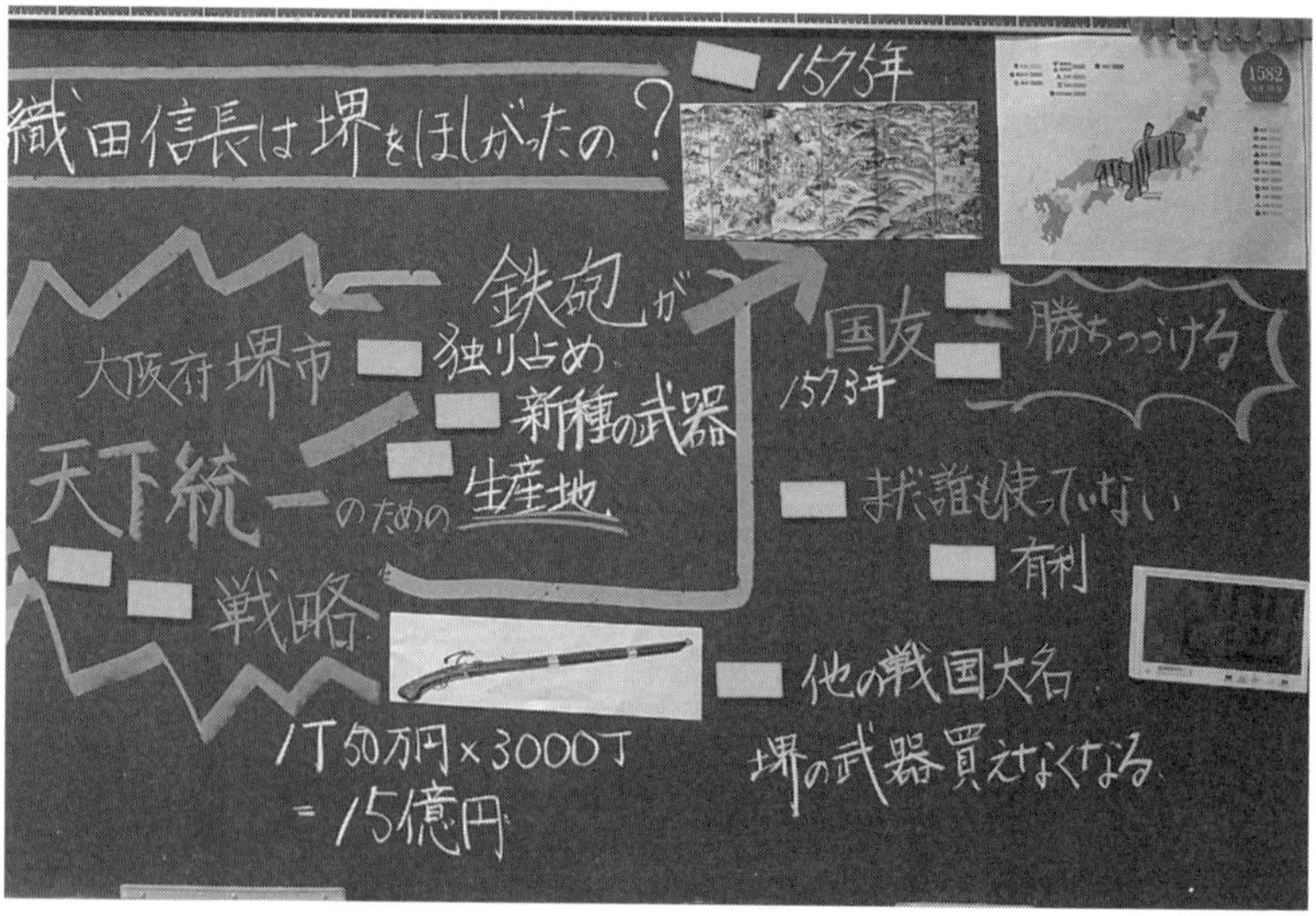

向けて下克上の世の中を勝ちつづけていこうとした）ことを知ることを通して、子どもたちの理解の質を高めることをめざしていました（資料32）。

授業の最後では、鉄砲のレプリカをもち出し、子どもたちにその重さや手触りを体感してもらいました（資料33）。授業の導入ではなく終末に提示したのは、子どもの気を引いて興味・関心を高めるよりも、自分たちの学習したことのリアリティを体感できるようにするためです。

＊

資料とロールプレイ、板書、具体物の提示など、ここまで盛りだくさんの授業を行うのは（教材研究や授業準備の点でも）容易なことではありません。

資料32　板書

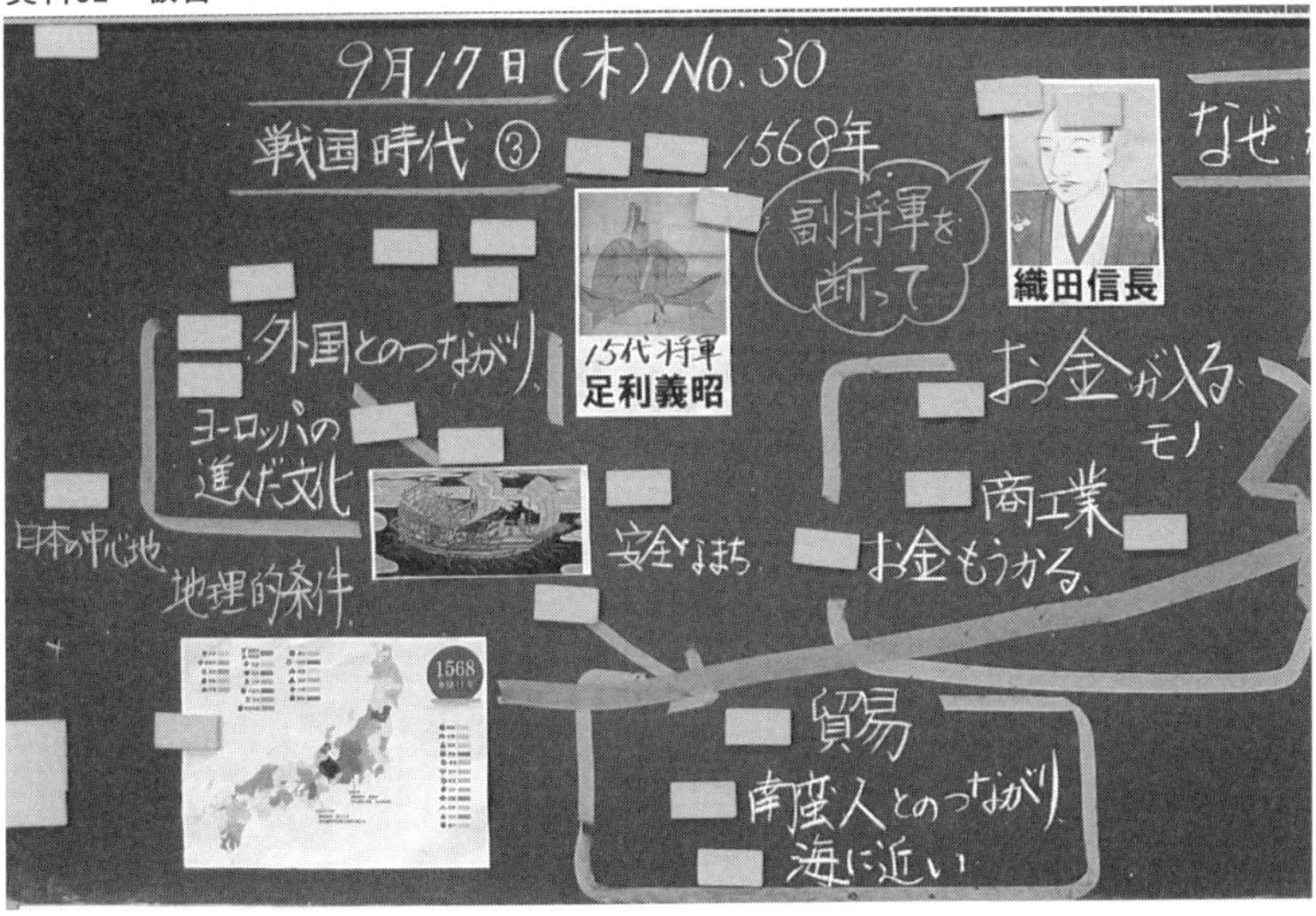

資料33　鉄砲のレプリカ

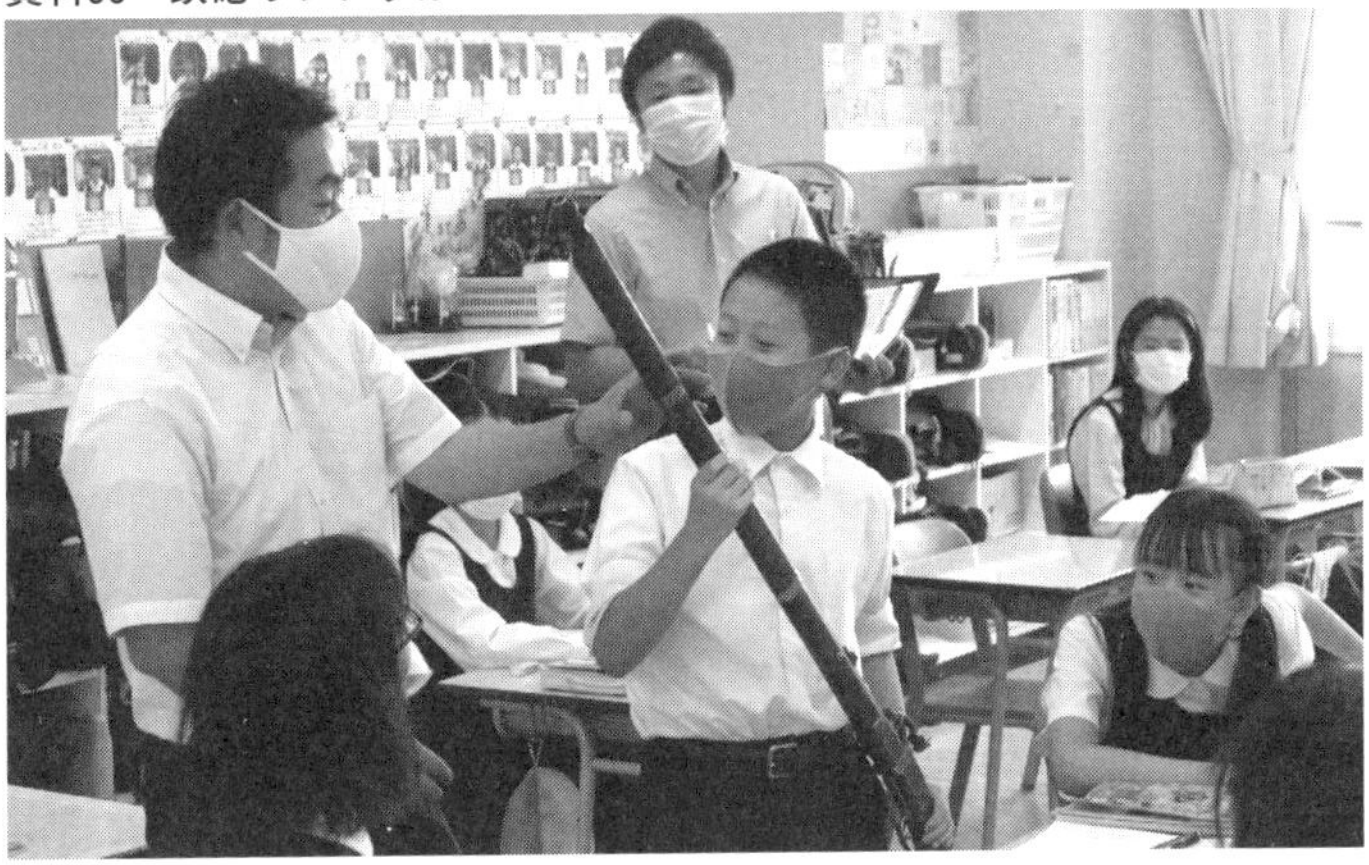

そのため、そうそうできるものではないかもしれませんが、年に1度でもできれば、子どもたちは「追究することによって、自分たちはどんなことを手に入れられるのか（将来にわたって生きて働く汎用的な概念など）」「社会科とはどのような教科なのか（けっして暗記教科などではないこと）」をたのしみながら知る絶好の機会にすることができるのではないでしょうか。

「地球規模の課題と国際協力」（第6学年）

本単元について現行の学習指導要領は、次のように規定しています。

(イ) 地球規模で発生している課題の解決に向けた連携・協力などに着目して、国際連合の働きや我が国の国際協力の様子を捉え、国際社会において我が国が果たしている役割を考え、表現すること。

この規定を踏まえ、単元目標を次のように設定しています。

グローバル化する世界と日本の役割について、各種資料で調べ、まとめ、国際連合の働きや我が国の国際協力の様子をとらえるとともに、国際社会における我が国が果たすべき役割や責任について多角的に考え、世界の平和に向けて自分の考えをまとめようとする態度を養うことができるようにする。

1　自分の立場を明らかにする

単元の前半では、資料を通じて次の事柄について学びます。

●太平洋戦争敗戦後の数年内は、日本が世界から食料を支援してもらう立場だった（1949年にユニセフから日本に届けられた給食の写真を提示）。

●現在は諸外国に対して支援を行う立場になっている。

この事実を踏まえ、「日本はどのように国際貢献を行うべきか」という問題意識をもてるようにします。

その後、第2時では、世界各地の貧困や紛争の渦中にある子どもたちの写真などを提示しつつ、国際社会の課題を解決するために必要となる支援はなにかについて考え、7

資料34　子どもたちが考えたユニセフが行うべき支援

栄養支援…22名
衛生支援…４名
子どもの保護…４名
医療支援…３名
保健支援…２名
その他…１名
教育支援…０名

つの支援策のなかから自分の立場を決めます。その際、どの子がどの立場に立ったのかがわかるように、自分のネームプレートを黒板に貼ります（**資料34**）。

結果は一目瞭然で、「栄養支援」が多数を占め、「衛生支援」や「医療支援」などが少数にとどまります。この結果を踏まえ、みんなで議論します。

なお、ここでは黒板（アナログ）を使用していますが、たとえば、Google Formを使って集計し、結果を電子黒板に表示したり、ロイロノートなどを活用するのもよいでしょう。

2　クラスメイトの考えを推論する問いを取り入れる

ここでは、次のように問います。

「栄養支援を選ばなかった人に質問です。どのような理由で、栄養支援を選んだ人が多くなったのだと思う？」

これは、自分の考えとは異なる立場に立ったクラスメイトの考えを推論させる問いです。

「食料がないと生きていけないから？」

「まずは生きていくために必要だからって考えたんじゃないかな」

およそこんな意見が出されます。

「次は衛生支援を選ばなかった人に質問です。衛生支援を選んだ4人はどのような理由で選んだのだと思う？」

「水が汚れていたら、体に悪い影響があるから」

「清潔だと病気の子どもを減らすことができるって思ったんじゃないかな」

最後は、だれも選択しなかった「教育支援」です。

「だれも教育支援を選ばなかったけれど、どうしてかな？」

「まずは命を守ることが大事だと思ったから。そのあとだったら教育にお金をかけることができる」

「そうそう、教育は命や安全を守った次の段階なんだと思う」

このように、食料や衛生といった命にかかわることが優先すべき支援で、それらが一段落したら教育にお金をかけるという考えにまとまっていきます。

つまり、推論を促す問いは、お互いの立場の優劣を競い合う議論ではなく、「どの立場も重要なのだけど、優先度が高いのはどれか」を予想する話し合いにもち込みやすくす

資料35　よこ比較による検討

栄養支援…22名
衛生支援…４名
子どもの保護…４名
医療支援…３名
保健支援…２名
その他…１名
教育支援…０名

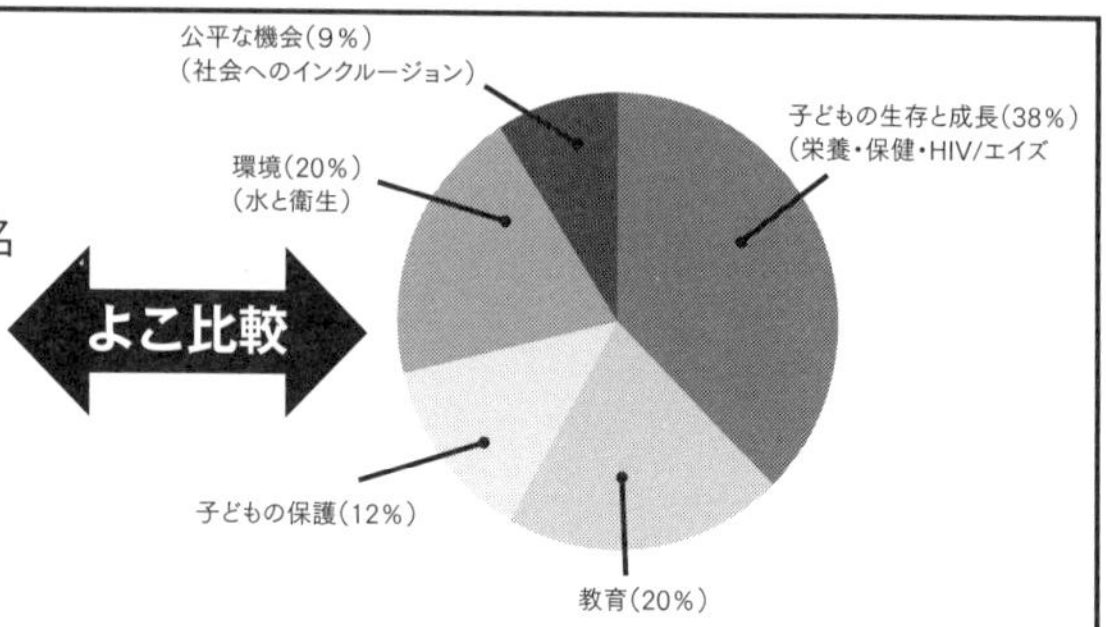
よこ比較
公平な機会（9％）
（社会へのインクルージョン）
子どもの生存と成長（38％）
（栄養・保健・HIV/エイズ
環境（20％）
（水と衛生）
子どもの保護（12％）
教育（20％）

る問いなのです。

3　比較から問いを生む資料提示の工夫

子どもたちの予想や考えが固まった段階で提示したのが、ユニセフが実際に行った支援の予算グラフです。比較から問いを生むことが目的です（**資料35**）。

一番多くの予算がかけられていたのが「子どもの生命と成長」で、22人の子どもたちが予想したとおりです。そして、二番目に多かった予算は「教育」で、子どもたちから驚きの声があがります。

「あれっ？　二番目に多いのは教育にかけるお金だよ」

「なんで、教育にこんなに予算をかけているのだろう。不思議だ」

こんな声があがれば、「問い」ができたも同然です。実際に次のように決まりました。

「（わたしたちはだれも予想していなかったのに）なぜ、ユニセフ

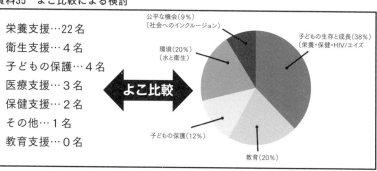

は教育にお金をかけるの？」

その後は、「教育支援」にフォーカスして議論を深めていきます。

「教育をすると、自分でできることがふえる」

「読み、書き、計算ができることで、一人一人が自立することができる」

「子どもが教育を受けると、大人になって国を支えることができる」

「ものをもらうだけでは、ずっと支援してもらう必要があるけれど、教育を受けて国を支えていく人が増えれば、支援が必要なくなるときが来る」

「自分たちは、いま必要な支援ばかり考えていたけれど、その国のことや未来のことを考えていくと、教育支援も重要だということがわかった」

こうした発言が次々と出され、問いの解決に向かっていったのです。

（繰り返しになりますが）**「子どもたちの認識（予想や既習知識）と社会的事象とのズレをいかにつくるか」**が、**子どもたちが主体的に学べる「問い」をつくるうえでいかに重要か**を改めて感じています。

おわりに

本書では、学級づくりと社会科授業づくりの両面から、「子どもの感性が磨かれる学び」を実現するための手だてについて述べてきました。

筆を進める最中、これまで私が受けもった子どもたちの顔が次々と浮かんできました。たくさんの笑顔や涙があふれた場面が思い出されました。そうした、たくさんの子どもたちとの出会いがなければ、本書は生まれなかったと思います。

以前、教え子の一人に連絡を取った際、「小学生のときのことで、なにか覚えていることはある？」と尋ねてみたことがあります。10年以上前に受けもった子どもです。彼からこんな返事をもらいました。

河原先生、お久しぶりです。
大学を卒業し、なんとか就職も決まりました。はじめての一人暮らしが始まりました。
記憶に残っている授業はたくさんあるのですが、自分は車が好きなので、社会の自動車工場の授業でオートマチックトランスミッションを先生が借りてきたことが特に印象に残っています。

ほかにも、社会の授業は印象的で、「江戸時代はなぜ２６５年以上つづいたのか？」「トヨタ自動車はなぜ、もうけを減らしてまで、ハイブリッドカーを生産するのか？」等々、それぞれの授業の問いについて、みんなで意見を出し合ったことをよく覚えています。

授業以外でも、みんなで議論したことや、朝の会でみんなの「はてな」を、先生も一緒になって考えてくれて解決しようとしたことも記憶に残っています（高校時代はこの経験からディベートに興味をもち、英語ディベート大会に出場しました！）。

河原先生の授業にはたくさん刺激を受けました。ありがとうございます！

この子は、社会科の授業で提示した具体物に驚き、「〜のはずなのに、なぜ？」という問いのもと、学級みんなで追究した喜びを、いまも覚えてくれています。のみならず、あのときのさまざまな事柄が、この子の高校時代のチャレンジにもつながっています。

そう思うと、なんとも言えない高揚感に包まれました。

（幼いころの私がそうだったように）子どもの感性がはたらき、磨かれていくことで、その後の人生も豊かになっていく。もしそうなのだとしたら、教師としてこのうえない喜びです。

私は、素敵な保護者にも恵まれたように思います。指導に至らないことがあっても、いつも私のよいところ、学級のよいところを見つけて支えてくれました。そうしたたくさんの保護者のおかげで、子どものためにがんばろうというモチベーションを高めることができたのだと思います。

以前、「今日で小学校生活が終わってしまうなんて、すごく寂しいです」と口にされた保護者がいます。卒業式の日のことです。「先生たちは、4月になればまた新しい1年がはじまるけれど、親たちにとっては、このたのしかった小学校生活が今日で終わってしまうんです」と。

ほかにも、「自分には学校の先生になる選択肢は思いもつかなかったけれど、先生という仕事ってうらやましいなぁ」とうれしそうに話をしてくれた方もいます。

そうした言葉や姿がとても印象的で、いまも心に残っています。

小学校教師は、学級づくりと授業づくりの両面から子どもたちの成長を見つづけることができます。その価値に改めて気づかせてくれました。

保護者と教師が共に手を携えて子どもの成長を願い、教育活動を進めていく。そして、子どもの感性をはたらかせ、磨いていく姿を間近で見ている保護者や教師もまた、心が揺れ動く瞬間に出合うことができるのです。

子どもたちを愛し、子どもの成長を喜ぶ。教師の仕事は、とても魅力あるものです。これからも、自分の仕事に誇りをもって働いていく、そんな教師でありつづけたいと思います。

たくさんの素敵な同僚にも感謝しています。本音で語り合い、どうやって子どもを育てていくべきか、どうすれば授業のなかで子どもの問いを引き出せるかなど、学級づくりや授業づくりについて語り合えるたのしさを味わわせてくれている仲間の存在もとても大きいです。

3月を迎え、私の住む札幌市も雪解けが進み、少しずつ春の足音が感じられる季節になりました。

4月になれば、また新しい年度のはじまりです。授業中に前のめりになって目を輝かせたり、本気になって問題を解決しようとしたりする子どもの姿を求めて、日々努めていきたいと、気持ちを新たにしているところです。

最後になりますが、本書をまとめるにあたっては、東洋館出版社の高木聡さんにたいへんお世話になりました。私の考えを引き出すだけでなく、私の考えを方向づけていただいたことで、本書を形にすることができました。文章の魅力を最大限に引き出す編集手腕を振るってくれたことに対しても感謝します。

読者のみなさまにおかれては、子どもたちが学びつづけることのたのしさや教師という仕事の魅力が、本書を通じて少しでも伝わりましたら幸いです。

令和6年3月吉日　北海道教育大学附属札幌小学校　河原　秀樹

河原 秀樹（かわはら・ひでき）

北海道教育大学附属札幌小学校　主幹教諭

昭和57年札幌市生まれ。平成16年より札幌市内で小学校教諭として勤務。平成28年から北海道教育大学附属札幌小学校教諭として勤務。令和5年より現職。

北海道社会科教育連盟、日本社会科教育学会所属。北海道各地や全国で、子どもの問いを大切にした社会科の学びについて実践発表を行っている。

子どもの感性が磨かれる社会科の学び

共感し合える学級をつくり、どの子も輝く授業をつくる！

2024（令和6）年4月10日　初版第1刷発行

著　者　河原 秀樹
発行者　錦織圭之介
発行所　株式会社　東洋館出版社
〒101-0054　東京都千代田区神田錦町2-9-1
コンフォール安田ビル2階
代　表　TEL 03-6778-4343
営業部　TEL 03-6778-7278
振替　00180-7-96823
URL　https://www.toyokan.co.jp
装　幀　中濱健治
印刷･製本　藤原印刷株式会社

ISBN978-4-491-05438-4　Printed in Japan